パリの86歳はなぜ、毎日が楽しそうなのか

超自分勝手なのに
誰からも愛される45の習慣

弓・シャロー

実業之日本社

はじめに
粋に・イキイキ・生きる

フランス人が好んでよく口にする、「on verra bien(オン ヴェラ ビアン)」という言葉があります。私も好きなフランス語です。

「なるようになる」とか「様子をみよう」というような意味で、英語の「we will see」に似ているのですが、それよりももう少し、悟った感を私は受けます。「神任せ」というのでしょうか。自然の風の流れに身を置くというニュアンスを感じて、好きなのです。

先々のわからないことはあまり深刻に考えすぎず、心配しすぎず、ストレスにしてしまわず、自分ができること、すべきことをしたら、あとは「オンヴェラ ビアン!」」、そう思っています。

86歳、80歳からは〝おまけの人生〟と毎日を楽しんで

79歳のとき、初めてのエッセイを上梓する機会をいただきました。その後、もう1冊の本を書き、私に書けることはすべて書き尽くしたと思っていたところ、今回の本のお話をいただきました。

「もう、私には書くことはない」と躊躇《ちゅうちょ》していたら、「85歳を超えたころから、また身体も気持ちも変わってくるはず。弓さんがしてきたこと、そして80代を迎えて変化してきたことを綴ってみませんか」と励まされ、私でお役に立つのであれば、長生きしている恩返しにと、お引き受けすることにしました。

書き始めると、旅のことも、健康も、ファッションも、食卓も、お金のことも、あるある……。確かに80代も後半に入って変化していたのです。

まさに、「オン ヴェラ ビアン」でした。

どの年齢のときも、いまが一番幸せと思ってきましたが、86歳のいま、私はとても幸せで毎日が楽しいのです。

ある意味、30代、40代、50代では大きな喜びや学びもある反面、子育てや夫（妻）との関係や仕事で、ストレスを抱える場面にも遭遇します。仕事では、他人と自分の能力や運を比較することもあるでしょう。私はずっとフリーで働いてきて、チャンスもたくさんいただきましたが、それでも多少なりともあります。組織で働いている方なら、なおのことと推察します。子どももかわいいのですが、思い通りにならないことはたくさん！夫（妻）との関係も仕事や家庭、子育てをめぐっていろいろなことが起こります。50代から60代は、夫婦それぞれの親の介護の問題も入ってくる時期です。

そして、80代も半ばを超えたいま、夫のクロードと二人、元気に楽しく変わりのない一日を送れることが、どれだけ有り難いことかと感じています。人生、起きたときには、なぜだろう？と思うことでも、時が経ってみると、それが自分にとって必要な出来事だったことがわかります。

何が起きても動じなかった実家の家族たち

生家の高木の家では、戦火や戦後の混乱や政策によって、典型的な没落貴族が辿る道を経験しました。広大な屋敷から借家住まいに。六、七人いたお手伝いさんはいなくなり、おかずの魚はお皿を運ぶ途中に舞い上がって落ちるくらい、いつの間にか薄くなっていました（笑）。

ただ、家族全員が本当に明るくて笑いが絶えず、激変した生活に悲壮感はまったくありませんでした。誰かを恨むことも、世をはかなむこともなく、まあ、何とかなるさという感じで新しい生活を楽しんでいました。

手先が器用だった母は、私の洋服を買っていた銀座の『サヱグサ』から、仕立物の仕事をいただいて、せっせと励んでいました。15歳のときから英国に留学していた父は、得意の英語を生かして進駐軍の建築部で、通訳も兼ねて勤めてました。

家族全員がイキイキとしていたのです。

恩師である「セツ・モードセミナー」の長沢節《ながさわせつ》先生がおっしゃった、「弓、人生は軽く生きたいものだね。重いのはよくない。粋に生きたいね」という言葉が、最近、よく思い出されます。穏やかに、軽やかに、きょうという日を粋にイキイキ、楽しく生きる。そうありたいと願っています。

この本では、私の生活の工夫や健康のこと、年齢を重ねてからの余暇の楽しみ方や心のもちようについて綴りました。みなさんより長く生きてきたであろう私の経験が、少しでもお役に立つならば、とてもうれしく思います。

家の中の片付けは終わり、夫と私の亡き後のことも息子や親族に伝えました。ほかのことは考えてもわかりません。何かあったら、そのときに。

「オン ヴェラ ビアン」で、残りの人生を紡ぎたいと思います。

87歳を迎える年の始めに

弓・シャロー

目次

はじめに 3

第1章 86歳「老後の暮らし」に関する習慣

60代、70代、80代……私のモノを減らす歴史について……34
洋服について 34
60代 本について 35／住まいや家電について 36
70代 アクセサリーについて 39
80代 それでも捨てられないもの 42
念願だったテラスのある暮らしを満喫しています……44
好きな色やモチーフでしつらえれば、そこはパラダイス！ 45
フランス人の夫に鍛えられて、日々強くたくましく……48
でこぼこしながらも55年連れ添う相手 50
息子夫婦との付き合い方は、適度な距離がポイント……53

息子夫婦とは干渉しすぎず、離れすぎず　54
流行りの〝推し〟。いると、生活に張りが出る！……56
大賛成！　シニアの「推し活」はいいことずくめ　59
ペットがいる暮らしで子育てをもう一度経験する……61
シニアの生きがいになるのは「守るべき存在」　62
高齢者の自立とは〝一人遊び〟ができるかどうか……64
〝いま〟好きなこと、やりたいことを始めよう　65
別れも出会いも柔軟に受け止めて生きていく……68
恐れず潔く手放せば、新しい出会いが訪れる　70

第2章　86歳「食卓」に関する習慣

元気な80代夫婦が摂っている四つの食品があります……74
豆腐は体重調整&タンパク質摂取の味方　76／シャロー家の野菜スープ　77
鶏のフランス風煮込み　79／白身魚のクリームコロッケ　81

オートミールと薄切り肉で無理のない食生活を……82
シニアの食生活は工夫しながらおいしく　84
人気の『ピカール』で買っているのは、青味の野菜と魚介類…87
これだけは、私が必ず日本で買って帰る便利なモノ……89
日本のショップの品揃えは世界一!?　92
おもてなしには自宅で揚げる「天ぷら」が人気……94
たくさん揚げて、おみやげにも！　95
キッチンと食卓まわりは最小限のモノでストレスフリーに……97
調理器具について　98／鍋やフライパンについて　99
調味料について　100／食器類について　101
作り置きはしていません。手早い段取りには自信あり！……103

第3章　86歳「健康と日常」に関する習慣

私にとって心地よい毎日のルーティンがあります……106

朝〜午前中　106／昼〜午後　109／夕方〜夜　112
80歳からはまとめ家事、ちょこちょこ家事で十分……114
料理　114／洗濯　115／掃除　116
疲れない身体、痛みのない身体は整体のおかげ……118
二人の整体の先生の施術で身体を整える　119
ゆっくり動いて、ゆっくり呼吸をして身体を整える……121
自分の癖や体質を知って無理のない日常を　122
3日に一度は「三つのR」で姿勢チェック！……125
1日1リットル、時には1リットル半の水を……128
進化している薬やサプリメントの力も借りながら……130
楽しい用事をせっせと作って、せっせと歩く……132
疲れたらタクシー。階段は手すりをつかむ　133

第4章　86歳「おしゃれ」に関する習慣

パンツスタイルには、小物を思いっ切り盛ります……136
アクセサリーと巻き物をフル活用する！　139
あると便利なロゴ入りトップスのおしゃれ……142
ロゴトップスをおしゃれに着こなす秘訣　144
もっとも身近な冒険は衝動買いをすること……148
衝動買いは値段ではなく、ときめきが肝心　150
シニアの必須アイテムは「ダンガリー」と「ボーダー」……152
シニアにはシニアのおしゃれがある！　153
靴とバッグは安全とおしゃれにこだわって選ぶ……155
選びたいのは、軽くて自由に動ける靴とバッグ　157
ハンガーに掛けられなくなったら、それが処分の合図！……160
持ち物がひと目でわかる収納がおすすめ　161

夜のお手入れは少しだけ贅沢なクリームを使って……163
自己満足でも、自分を大切にすることに投資を 165
パリの86歳。いまの私がよく着ているブランド……168
外出にも旅にも日常でも活躍する服! 169
特に年齢が出るのが髪の毛と爪。ケアには工夫を……171
毎日使う手と足。できるケアで心地よく 174

第5章 86歳「お金」に関する習慣

遺すものは考えず、自分たちの〝いま〟を大切に……178
金庫に入れた息子夫婦に遺すものとは…… 180
父の教えは「人さまの能力を無償で使ってはいけない」……182
相手を尊重するからこそ、お礼はお包みで 185
割り勘が一般的なフランス。私たち夫婦のお金の使い方……187
フリーランスで働いていた私の老後資金 190

フランスの医療制度と医療費は独特です…… 192
老眼鏡のレンズにも保険がきくフランス 194
お金は健康に一番かける。あとは心配しすぎない…… 197
家計簿はつけず、節約も特に意識しない!? 199

第6章 86歳「旅や楽しみ（交際）」に関する習慣

二人合わせて171歳。ヴァンで旅するフランスの田舎町…… 204
一人行動も二人行動も楽しいヴァンの旅 209
本選びと化粧品選びは若い人の意見を参考に…… 211
心がラクになるカミングアウトのすすめ…… 213
不要なプライドは捨てて素直に生きる 216
一つ見つけると、楽しみは芋づる式にやってくる…… 218
迷っている時間はシニアにはもうない! 220
モノを創ることは、その工程のすべてが好き!…… 223

ドキドキすることで広がる創作意欲 225
情報は選んで試して、正しいものを取り入れます……227
年を重ねてからの友達の作り方、付き合い方……229
目指すはどこかかわいげのあるバアサン！ 231
毎日をゲーム感覚で考えれば、オールＯＫ！……234
夜中の暴食だってシニアなら許される…… 236
おわりに 238

Bienvenue

心地よい暮らしのキーワードは

「ときめくモノしか、もう要らない！」

夫のクロードと私が暮らす、パリ郊外のアパルトマン。

シンプルでモノも少ない暮らしです。

けれども、部屋の中にあるものは、

いつ見ても、二人が好きと思うモノばかりです。

衣食住、毎日が心地よく、機嫌よく、

安全に過ごせるように少しずつ重ねてきた工夫。

お客さまが大好きな私なので、

読者の皆さまにわが家にお運びいただいたような気持ちで、

その一部をご紹介します。

使いやすくて動きやすい こだわりのキッチン

使い終わった食器や調理器具はなるべく早く片付けます。
フランスのマダムたちを見ていて教えられたことです。

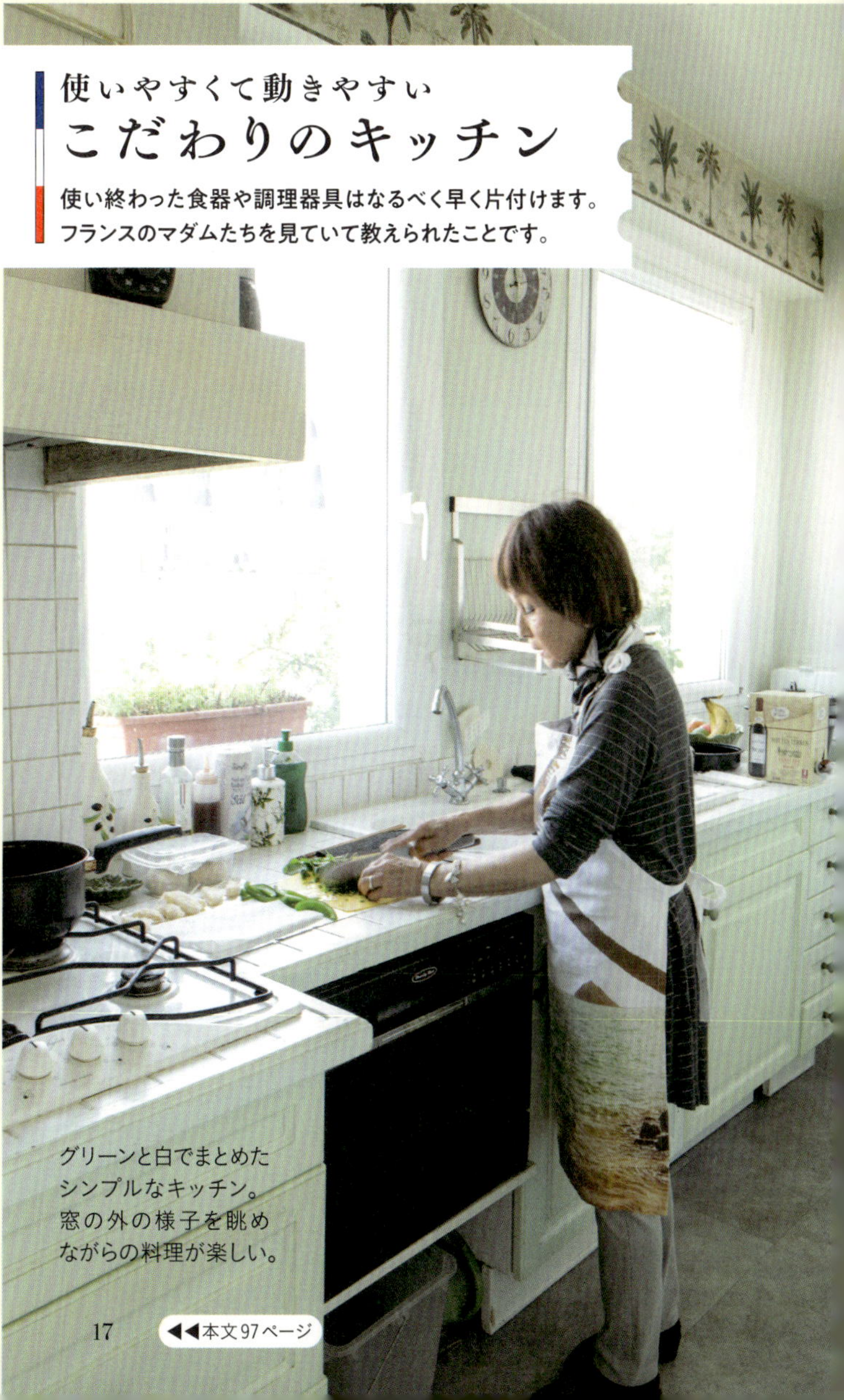

グリーンと白でまとめた
シンプルなキッチン。
窓の外の様子を眺め
ながらの料理が楽しい。

◀◀本文97ページ

ストレスフリーな収納法！

せっかち（笑）なので、収納も整理も調理もリズミカルに動くための工夫を凝らします。

蓋の開けっ放しOK!
換気扇を覆う白木の枠を利用して

出番の多い調味料はガスコンロの近くに

左／塩とこしょう用ミルの定位置。湿度が低いフランスでは、蓋は開けたままでも湿気ません。右／オイル２種と赤ワインビネガーは、ワンタッチで注げる容器に移し替えて、ガスコンロの近くに出しっ放し。

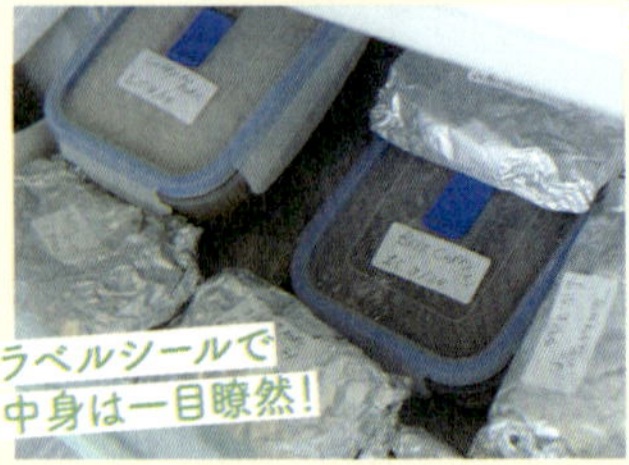

壁に取り付けるフランス式ホルダー
ホイル、ペーパータオルもここ！

左／冷凍庫の中。肉類はラップで包んだ上からホイルでくるみます。調理済みのものは温めやすいガラス容器に。右／一番上のラップは左のレバーをスライドさせて、スパッ！と切ります。買い物メモの付せんも近くに。

まだ使えそうな袋は、手作りの袋にストックして再利用。片手や濡れた手でも取り出せます。

買い物先でもらったビニール袋入れ

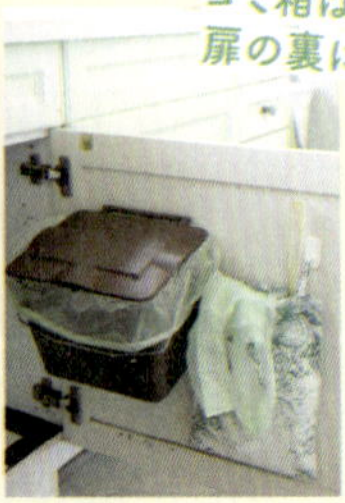
ゴミ箱は流しの下の扉の裏に隠す

ゴミ箱は市役所からの支給のもの。替えのゴミ袋は、色を合わせた手製のボタニカル柄の布袋に。

◀◀本文100ページ

持ち数はこれ以上増やさない

食器も調理器具も大好きなもの、毎日のように出番があるものだけで十分です。

テラスで育てた元気なパセリ

キッチンの食器棚をフル活用

上の３段にはお客さま用にも使えるグラス類、ボウル、大小のお皿やマグカップなどを収納。

下の段のカゴには深みのある器や盛り合わせ用のお皿を。上に見える引き出しにはカトラリー類を収納。

四つの鍋と三つのフライパン

せっせと磨かない

持ち数のすべて。スーパーで買える手ごろな値段のものを1、2年で買い替えます。

あると便利なプチ洗濯バサミ

上／お茶の葉や粉類は容器に移さず、袋の上を折ってこれで留めます。日々使う消耗品ですから。下／冷凍庫のビニール袋類もピッと留めて。中身がわかりやすいのと輪ゴムは凍ると切れるので。

◀◀本文 99〜102ページ

光と風が音楽を奏でる
明るいダイニング

オーダーした籐《とう》の丸テーブルと椅子に、ファブリックはアメリカで注文した家具用の布を使った私の手作り。壁にも直筆の絵画を飾っています。

「水の緑」という名のグリーンに塗った壁と白木のフローリング。明るく風通しのよい空間です。

◀◀本文46ページ

気張らない
おもてなしの食卓

花が挿せるナイフレスト。お皿に描かれたパセリに合わせて、庭のパセリを活けて！

好きなグリーンと白でまとめたさわやかな食卓。中央には朝、テラスで摘んだ花を飾ります。

好きな色と柄で揃える食卓

洗ってアイロンかけが必要な布ナプキンは、もう卒業！ 使い捨てのかわいい紙ナプキンで。

盛り付けも
アート感覚で♪

お待たせせず、バタバタしないように段取りよく。

作り慣れた
家庭料理が一番！

お客さまは若い素敵な独身女性。前日に下準備した白身魚のクリームコロッケ（81ページ）に野菜とチャーハン。

デザートには、私も久しぶりにいただきたくて杏仁豆腐を作りました。マンゴーと特製シロップと一緒に。

◀◀本文94ページ

夫婦の食事もこちらに用意

テーブルクロスは洗い替えを用意して、いつも清潔に。カーテンもお揃いの柄で作りました。

好きな色と柄ならインテリアに統一感が出ます。本当に好きなものには飽きがきません。

◀◀本文46ページ

小物で華やぎを添える
パンツスタイル

20代後半からずっとパンツ派です。スカーフやアクセサリーでフェミニンなものをあしらって、お地味な寂しい人にならないように（笑）。

異素材を組み合わせたチュニック、そしてパンツは『イリエ・ウォッシュ』。靴は『マリサ』です。アクセサリーは自作のパールのピアスと、いまはもうない『ソレル』のオニキスのブレスレット。パールと刺しゅうを施して、自分で作ったシルクのスカーフを首元にふんわり結びます。

最近は布製の斜め掛けのバッグばかり。軽くて、ものもたくさん入ります。ベルベットの生地に飾りを付ければお出掛けにも。

◀◀本文136ページ

自分らしさを大切にした装い

自分が着ていて楽しい、心地よい、好き！ を尊重します。おしゃれは自分ファーストで（笑）。

SORTIE DE GARAGE
DÉFENSE DE STATIONNER

ジーンズはシンプルに着ないこと！

『リーバイス』のストレッチデニムには、紺×白の幅が徐々に変わる『トミー ヒルフィガー』の大胆なボーダーを合わせて。自作のパールのピアスとシルクカシミヤのストールで顔まわりの明るさアップ。足元は濃紺の革に靴紐が白のスニーカー風の革靴。イタリア製です。

サニーちゃんは抱っこが大好き♥

このボーダーは存在感があるので、日常にはストールなしでも。

◀◀本文152ページ

目指すはイケてるバアサンか!?

『ザラ』のカーキのシャツをコートのように。インナーはブラジルで購入したタンクトップ（1000円以下！）で、パンツは『イリエ・ウォッシュ』。スニーカー風の革靴は『銀座かねまつ』のもの。スカーフとピアス、アンティークブレード付きのバッグは自作です。

◀◀本文169ページ

ハンガーは
肩幅に合わせて
クローゼット全体

1年分の衣類が詰まったクローゼット

1間分より少し大きいくらいのスペースに、持っているすべての服を収納。靴も小物も持っているものがひと目でわかります。衣替えはいたしません（キッパリ！）。

トップスは
3段の区分け収納

上段は、ストールやスカーフと厚手の自作手編みニットを。中段は、色や柄がわかるようにたたんだトップス類を。下のハンガーラックには、ジャケット、シャツ、コートや上着類です。

小物は中身が見える
ボックス利用

越路吹雪さんの付き人の方、直伝の収納法。帽子やミニマフラーとミニスカーフ類を入れています。ボックスの右側にはバッグ類があり、すき間にアクセサリーを入れる袋類。

◀◀本文160〜162ページ

ネクタイやリボンも
かけて整理

ネクタイやリボンも好きなアイテム！からまらず、すぐに取れる場所に。

靴類は
洋服の下に

室内でも靴を履くフランス。下駄箱はないので、靴はここに。

ベルトはすべて
フックにかけて

L字型のフックを2個取り付けて、ベルトハンガーに。見やすい。

取り付けた金具に
折り畳み傘を

フランス人はあまり傘をさしません。なので、私も折りたたみ傘だけ。

パンツの
素材や色で分けて

ズボンハンガーにかけて、ハンガーラックの左端にまとめます。

同じに見えて
違うパンツ！

おすすめ！ マストアイテム

普段着にもお出掛けにも、若々しく、軽快なイメージに見える便利なアイテムをご紹介します。

自分でも驚く数。それだけ重宝しているのです。ビッグサイズだけは、避けたほうが無難。

ダンガリーは
小さな襟を選ぶ

転ばぬ先の靴。
靴には投資を！

革靴派で先の尖ったブーツや紐靴が好きです。靴だけはお高くても履きやすい、いいものを。

スカーフやアクセサリーなど、小物でフェミニンな要素をプラスするのがおしゃれの秘訣。

若々しさとメリハリに
まずは、ボーダー

自作のバッグは
軽くて使いやすい

手持ちの靴に合わせやすい、布製の黒のバッグ。素材や肩紐の飾りで雰囲気が変わります。

◀◀本文 152〜159ページ

楽しい目的を作り出して
せっせと歩く

ウォーキングは身体にいいとわかっていても、ただ歩くのは苦手です。
買い物やランチの約束など“にんじん”がないと歩けないタイプ（笑）。

芸術家の街モンマルトルへは、大好きな手仕事の材料を探しに、定期的に訪れます。

◀◀本文133、152ページ

歩いて探して買って、時どき休憩

樹々の緑や道端の花、行きかう人々のファッション……。何を見ても楽しく刺激を受けます。

手仕事は作っているときはもちろん、生地屋さんを見ているだけでもときめきを感じます。

◀◀本文 133ページ

mon plaisir
楽しみ

わが家のある南と、北のモンマルトルでは、同じパリでも空気が違います。

風や光も
アーティスティック

大好きな年下の友人とランチの待ち合わせ。テラスで人々をウォッチングします。

念願だったテラスのある
アパルトマン

40年前に購入した郊外のアパルトマンは、交通の便も買い物の便もよい場所です。テラスで野菜や果物を育てたり、空を眺めたりが毎日の楽しみ。

テラスガーデンは、80代の老夫婦が世話をしやすい広さ。大好きな自然を満喫しています。

ハーブもいろいろな種類を。お茶にも料理にも、使いたいときにそばにあると便利です。

あら、いい感じ！ 育てるのはクロード。収穫して料理するのは私。食べるのは二人です（笑）。

◀◀本文44ページ

第1章

86歳「老後の暮らし」に関する習慣

60代、70代、80代……私のモノを減らす歴史について

もともと、モノにはあまり執着しないタイプです。

曾祖父、祖父と男爵の爵位を賜りながら、戦後の混乱で生家は典型的な没落貴族が歩む道を辿りました。そのせいか、形あるものはいつかなくなると肌で感じているところがあるのでしょう。

洋服について

洋服に関しては160ページで詳しく書きましたが、昔から自分の持っているものをつねに把握できる状態にしています。

3年着なかったものはもちろん、あまり着ていないと感じたものや新しい

ものを購入して、ハンガーに掛けられなくなったら、何かを処分します。そのためには、よく見渡せる状態にしておく必要があるので、お腹同様、クローゼットは八分目を心掛けています。

そのほかのことに関しても、60代半ばからダウンサイジングをしています。このころから、毎日の暮らしは身体に負担がかからないように工夫して、心地よく過ごすことの必要性を感じたからです。

スタートは65歳。ずっとフリーで働いていたので、定年は65歳！と自分で決めていました。ここから、本格的なダウンサイジングが始まりました。

60代 本について

まず本に関して。毎晩の読書は日課ですが、小説やエッセイなど読み終わった本は、パリ在住の日本人の友人たちに差し上げます。日本語を読みたいと思っていらっしゃる方ばかりなので喜ばれます。

そのほかの本に関しては、〝本を捨てる〟というのはとても抵抗がありますが、そのままにしておくと溜まっていくばかりなので、処分しています。

美術書だけは捨てられなくて、いまだに大切にとっています。

雑誌の購入は、65歳の定年後はいっさいやめて、iPadでWEBの記事を読んだりして済ませています。

夫のクロードも息子のジャン・ポールも本好きで、彼らは週に一度図書館に足を運んでいました。現在はキンドル(電子書籍)も利用しているようです。

住まいや家電について

一番大きかったのは、アパルトマンそのものでしょうか。

40年前、46歳のときにいまのアパルトマンを購入しましたが、その10年後にラッキーなことに隣の物件が売りに出されたので、即座に購入。

ドアを開けて2戸をつなげて、私のアトリエも兼用していました。

私がリタイアしたあと、結婚した息子が隣に住みたいというので、もともとの1戸を残し、隣は息子夫婦が住むようになりました。

仕事もやめた老夫婦二人の空間としては1戸で十分。掃除については116ページで書きましたが、健康維持のために必要だと感じています（笑）。


同じころ、大きなオーブンも処分しました。

息子が小さかったころは、お菓子や大きな塊の肉を焼いていましたが、夫婦二人の生活ではその機会は減ります。

そこで、コンパクトな電子オーブンレンジに替えました。

二つの機能を持つということは、能力的に劣るのでは？　と気になりましたが、いまの電化製品はそんなことはありません。

毎日の食卓もおもてなしの食卓も、料理もお菓子もこれで十分です。大きかった食器洗い機も半分のサイズのものに。同時に位置が下の方に設置されていたので、高いところに替えて、かがまずに済むようにしました。小さくなった分、洗う回数は増えましたが、かがまないでいいので腰の負担は減りました。また、こまめに洗って片付けるので、かえってラクでキッチンはいつもすっきりしています。

掃除機も使い勝手のよい『ダイソン』のコードレスのものに替えました。気付いたとき、すぐに使える小型のハンディークリーナーと併用しています。また、フランスのアイロンは重くて大きいのですが、こちらもコンパクトな軽いものに替えました。家電製品は家族の人数に合わせてコンパクトにすることで、シニアにも軽くて使いやすくなります。電気代も変わってくるのではないでしょうか。技術も進化していますし。

使いやすいから、使いたい。使うことが苦ではなくなると思います。使い勝手が悪いと感じるものがあるとしたら、それは自分の年齢やいまの暮らしに合っていないということだと悟りました。

70代 アクセサリーについて

10年前の70代では、持っていたアクセサリーのほとんどを処分しました。気軽に付けられるイミテーションのかわいいジュエリーは、若い人に差し上げたり、学校のバザーや赤十字社の団体に寄付しました。

貴石を使った本物は姪たちにプレゼント。当時、40代の彼女たちは子育てが少し落ち着いて、一番自分の身のまわりを構いたくなるころ。このころの美しい手やハリのある肌などは宝石が似合う年代でもあります。

私のほうは、きらびやかな場への外出の機会が減ってくるころ。私のタンスの肥やしにしてしまうよりも、愛用してきたものを彼女たちに譲って、もう一度輝かせてもらえるのなら、こんなにうれしいことはありません。

これはあの人に似合うだろう、この色は彼女が好きなはず……とそれぞれふさわしい場所へとお嫁入りさせました。

手元には、自作のパールのアクセサリー類と祖母の形見のブレスレットなどを残しました。指輪は大好きですが、毎日付けている指輪と、あとはもう少し上等の1セットだけにしました。

バッグ類も同様です。重たいものや華やかな席用など、出番が少なくなったものは、すべて姪たちや赤十字社に持って行きました。

80代

70代でほとんど終えてしまいましたが、それでも157ページで書いた靴のインソールのように、いまの私にはもう必要ないと思ったものは、どんど

ピアス、ブレスレット、ネックレスなど自作のパールのアクセサリー。お気に入りのボックスに収めて。

手元に残した指輪。3連はヴァンドームヤマダの退職時にプレゼントでいただいたもので、ダイヤモンド入りのプラチナリング。スクエアカットのダイヤモンドリングは、自分へのご褒美で購入。毎日付けています。

ん処分しています。

持ち物は減ることはあっても、増えることはもうありません。

それでも捨てられないもの

執着がないと書きましたが、じつは執着が大ありで捨てられないものがあります。リボンや端切れ、ビーズ、レースなど大好きな創作手芸の材料です。たった10センチのリボンでも、見ていると、そうだ、これをあのトートバッグの縁に使うとかわいいかも！と、創作意欲が湧きます。

アンティークのレースの目の細かさや繊細な色や風合いは、いまの技術ではもう望めないものばかりで、うっとり見とれてしまうのです。

そこで、あえて細かく整理したり、要る要らないを考えることもしません。全部必要なので、これはよし！と自分に許可しています。

ただ、私にとっては宝物でも、他人から見ればただの不用品ということは理解しています。

夫と息子には、箱やケースにいっぱいの材料は、私がいなくなったら「どうぞ、躊躇《ちゅうちょ》なく全部捨ててね、中身も見なくていいから！」と伝えています。

身のまわりの片付けを60代半ばからスタートさせるのはおすすめですよ。70代を過ぎて、80代になるともう日々の生活を元気に送ることで精いっぱいで、ほかの大きなことをする気力はなくなります。

すっきりと使いやすい家で暮らしていることもまた、元気で長生きにつながっているのかもしれません。

よく、両親が旅立ったあとの家の片付けが大変だという話を聞きます。自分の身体が動くうちに、まずはすっきりと片付けて、それでもどうしても捨てられないものは、ひとまとめにして、自分亡きあとは、「中身は見なくて捨ててよい」と言っておくと、残された人は気持ちがラクになるはずです。

念願だったテラスのある暮らしを満喫しています

住まいはパリ郊外で、気持ちのいい南向きの高台にあります。

テラスのある住まいを10年くらいずっと探していて、いまのアパルトマンに出合いました。郊外なので、自然に恵まれていて目の前には森が広がり、蚤の市や二つのマルシェ（市場）も近いので新鮮な食材が手に入ります。

メトロの駅も近く、パリからはメトロでもタクシーでも遠くないので、友人たちに会うのにも買い物にも便利です。郊外の程よく都会で程よく田舎なところが老後の暮らしには合っていて、できるかぎり、ここで二人で暮らしたいと考えています。

キッチンの窓からはパリの街並が臨めますし、念願のテラスの下には四季折々の風景が広がります。雲好きなので、1日に何度もテラスに出て、色も形も移り変わる季節の空の様子を楽しみます。

花は好みの白、青、紫のものだけを育て、菜園では料理に使うハーブとミニトマトやルッコラなどの野菜やいちごが収穫できます。広い庭や畑はこの年齢には手入れが大変ですが、テラスなら、菜園をするのにも歩くのにも程よい広さ。夕べの食卓をテラスに整えるのも幸せな時間ですし、外を見ながら、メンソールのたばこを一服するのも至福の時間です。

好きな色やモチーフでしつらえれば、そこはパラダイス！

家の中は、夫婦二人の大好きな色、グリーンと白で揃えています。南国のヤシの木柄も好きなので、このモチーフのものも自然と増えました。開放感のあるコロニアル様式の造りも、クロードと私の共通の好みです。

息子夫婦に1戸を明け渡したときにかなり思い切ってものを処分。75平方メートルのいまの室内は、老夫婦が仕切るのにちょうどいい大きさです。ここで、数を絞った大好きなものを大切にしながら暮らしています。

キッチン、ダイニングルーム、ベッドルームは仕切りの壁をすべて取り払い、光のまわる広い空間として使っています。

ダイニングはお客さまを招いてのランチも家族だけの場合も、ここに用意。籐《とう》の丸いテーブルと椅子にかかるクロスとクッションは、カーテンもお揃いにした自作のものです。

壁には私が描いた油絵やテンペラ画などを飾っています。ファブリックは好きな布地でいくつか手作りしているので、3、4年に一度、柄を変えて違う雰囲気を楽しみますが、汚れやすいクロスだけは同じ柄で3枚作りました。

リビングは、大きな窓が気持ちいいテラスに面しています。

ソファーは姿勢よく座れるようにと、わざと硬めのシートを選びました。

家具はアンティークが好きなので、蚤の市で購入した古いリビングボードやチェストなどを配置しています。

生活感のあるテレビやアルコール類は、扉が閉まるこれらの家具に収納できるので、見せない収納です。洗い替えのクロスやシーツやタオル類などもここに収まっていますが、もちろん家族以外は誰も知りません(笑)。

このスペースに入るもので布類は十分なので、傷んだら同じものを購入して補充しますが、どんなものも、一つ買うときには一つ処分しています。

コレクションしている大好きなピエロの置物やアンティークのガラス細工などは、見えるところに飾っています。こちらは見せる収納ですね。部屋を見渡せば、そこかしこにあるお気に入りと目が合います。

特別高価だったり、希少だったりというものではありませんが、どれも私たち夫婦が好きなもの。毎日の生活の中で愛でて心豊かに暮らしています。

フランス人の夫に鍛えられて、日々強くたくましく

28歳のときにフランスに向かう船の中で出逢った夫とは、彼が30歳、私が31歳のときに結婚しました。今年で結婚55年になるので金婚式はとうにすぎ、エメラルド婚というものらしいです。

フランス人の夫と聞けば、毎日愛をささやいてくれて、世界一キミはきれいだとほめてくれるのでは……と想像しますが、クロードは真逆です（笑）。

夫は、いまはなくなってしまいましたが「マトラ」というフランスの重工業の会社の航空部門にエンジニアとして勤めていた、根っからの理系男子です。

日本ふうに言うならば、まさに古武士のような人で無口で淡々としていて、

揺るぎない自分の考えを持っています。

58歳で自ら早期定年退職をするまで勤め上げ、三人いた秘書の方や部下の方々からも慕われていたようなので、会社ではよき上司だったようです。

でも、家では口数は少なく、妻から指図されるなんてもってのほか。議論になると、「ああ言えばこういう」で、論理的に応戦されて、一言発しようものなら、百どころか千も万も返ってくるので、おしゃべりな私でも太刀打ちできません。

毒舌家でもあり、私の大きめの前歯は、「ユミ、そのロバみたいな前歯はどうにかならないのか」とずっと言われてきました（涙）。

テラスの草木の手入れが好きなクロード。
時に枝を切りすぎることもあり！？

友人が「クロード、ユミがお料理上手だから、いろいろなものがいただけていいわね」と言ってくれても、「J'ai obligé（義務だから）」ですって。ただ、私が友人たちとのランチやディナーを外で楽しんできても文句を言われたことはありませんし、友人たちを食事に招いてもきちんとお相手してくれます。食事が済むと、じゃあ、お先にと自分の部屋に引き上げるマイペースさはありますが……(笑)。

でこぼこしながらも55年連れ添う相手

あそこのガソリンスタンドが安い、こちらのキャンプ場が手ごろだなどと、フランス人特有のケチなところはあります。

でも自分が着なくなった洋服で、さすがに私が「えっ、それももう寄付するの？」と思うものでも惜しげもなく赤十字社や教会のバザーに出すので、ただのケチとは言い切れない部分もあります。

また基本的に、私が自分のお小遣いをどう使っても何も言いません。

簡単なお料理もしてくれます。テラスでのおもてなしなどでは、クロードお手製のバーベキューコンロで、鮭などを調理してふるまってくれます。

庭仕事も掃除や買い出しも進んでやってくれます。が、とことん天邪鬼《あまのじゃく》なので、私がこれをして欲しい、あれをして欲しいと頼んでもやってくれません。こんな相手はなかなか疲れるものです。

けれども、年月とともに術《すべ》をつかみ、いまではクロードが自分からやりたいと思ってくれるように誘導する私です。元エンジニアなので、何かを作ったり修理したりは大好きで、楽しそうにやっています。

旅先では私たち二人の共通の趣味である美術館巡りをしますが、クロードは美術にも世界の歴史にも詳しくて、そんなときは解説してくれます。尊敬！

パソコンや携帯電話の操作で私が困っているときや、私が病気やケガをしたときには病院の手配などすぐに動いて助けてくれます。

音楽の趣味も、もともとはジャズファンだったのに、いつしかカントリーファンの私に合わせてカントリーフェスに一緒に出掛けたり、カントリーミュージックの聖地、アメリカ・テネシー州のナッシュビルの街を訪れたこともあります。


思えばクロードの毒舌に鍛えられて、はっきりとした自己主張が必要なこの国で、たくましく強く生きてくることができました（笑）。

それぞれ一人で楽しむこともあれば、二人で楽しむこともある。たわいもないことでも話ができて、食卓を一緒に囲める人がいるから作る楽しみもある。

周囲には連れ合いを亡くしたり、片方が入院中という人も増えてきました。55年、でこぼこしながらも、この年齢まで二人揃って元気でいられることがどれだけ有り難いことかを感じる毎日です。

息子夫婦との付き合い方は、適度な距離がポイント

息子のジャン・ポールは私が34歳のときの子どもで、生まれたときにすでに4000グラム近くありました。おかげで⁉ いまでもとても大柄です。息子夫婦と私たち夫婦の四人で食事をともにしたり、旅に出たり、父子は男同士の旅を楽しむこともありますが、基本的に私は干渉しすぎないようにしています。

一人息子ですし、ついつい気になって料理もモノも作ることが大好きなので、息子やお嫁さんに届けたいと思ったことも、以前は少しありました。でも、息子たちには彼らの生活のペースがある。隣にいるから、いえ、近いからこそ、負担になってはいけないと考えなおしました。

子どもは生まれてきてくれただけで「ありがとう」、ただそれだけ。望むのは自分の翼で飛んでくれればということです。一緒に暮らしたいとか、私とクロードのどちらか一人になったときに面倒を見て欲しいなどとは、まったく思っていません。

私の両親は、一人娘だった私がフランス人と結婚し、フランスに住むと言ったとき、「弓の幸せが一番。だから、弓がそうしたいのなら、そうしなさい！」と応援し、快く送り出してくれました。

日本とフランスの行き来にはいまよりも時間がかかり、国際結婚は珍しかった時代です。あのときの両親は潔かったと、いまだに感謝せずにはいられません。

息子夫婦とは干渉しすぎず、離れすぎず

私も息子には、夫婦仲よく元気に楽しく暮らして欲しいと願うだけです。

ただ、隣同士というのはなかなか便利。私が日本へ長期に帰国している際には、パパのことをよろしくね、気を付けておいてねと言うと、それとなく気を配ってくれています。クロードが留守のときも同様。病気やケガをしたときなども、やっぱり心強いです。逆に息子が出張などで、お嫁さんの杏奈《あんな》さんが一人になるときは、私たちも気を付けています。

お互いの家の鍵は預かっていて、私たちが何日か留守をすると、テラスの植物の水やりなどは杏奈さんが引き受けてくれていました。

夫も息子もネットショッピングをよくするのですが、一番在宅率が高いのは私なので、荷物の引き取りは私の役目です（笑）。

杏奈さんは聡明で私よりもフランス語が上手く、クロードともフランス語で楽しく会話をしてくれます。また、「弓さんとクロードさんがお二人揃って元気なのが、本当に安心だし有り難い」と言ってくれるので、近いけれど、それぞれの生活を尊重する距離感はいいものだと思っています。

流行りの〝推し〟。いると、生活に張りが出る！

いま、ロサンゼルス・ドジャースの大谷翔平選手に夢中です。試合がある日は、夜はユーチューブで途中まで見て（全試合を見ると遅い時間になって寝る時間を過ぎてしまうので）、朝は同じくユーチューブでダイジェスト版を見ています。

見るのは「チャーくんの本気でスポーツ実況ch」というチャンネルです。スコアボードの静止画像が出て、そこにユーチューバーの方の実況放送が流れるので、それを一所懸命聞いています。先日は初めてチャット機能でメッセージを入れたり、コメントを送ってみたりもしました。よくわからないので、これでいいのかしらと、こわごわ。

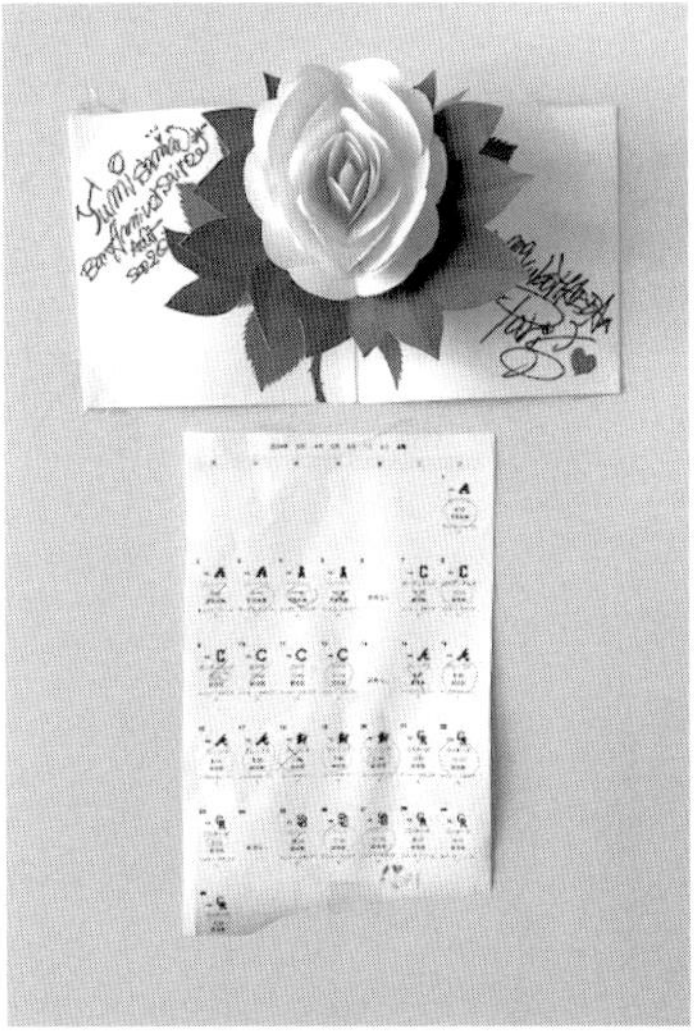
ドジャースの試合の日程表。プリントアウトがちぎれているのはご愛敬ということで（笑）。

「チャーさま。いいお声！」と送ったところ、無事に送れたようで、チャーさまから、

「いまフランスからもメッセージが届きました。ユミさんありがとう！」と返信がありました。あら、うれしい！　また一つ新しい楽しみが増えました。

日本の友人が試合の日程表をメールで送ってくれたので、プリントアウトして自分の部屋のよく見えるところに貼って、試合がある日はそれに合わせて、その日のスケジュールが決まります。まさに、大谷クン・ファースト。

なぜかフランスでは、野球は人気がありません。テレビで中継がないので、私はユーチューブ頼みというわけです。

日本が優勝した2023年に開催され

たWBCの試合には、フランスは出場していなかったことからも関心のなさがわかります。フランスで人気なのはサッカーやテニス、乗馬などです。

クロードもまったく興味がなくて、私は一人で盛り上がってます。


じつは私、野球には詳しいのです。田園調布雙葉《ふたば》学園の高校生だったころのこと。友達のお兄さまが通う慶應大学の、学生さん何人かと交流があって、その中の一人、野球部の青年とはお付き合いしていました。おませですね〜。といっても、当時の高校生。とてもプラトニックなお付き合いでした。

二人で歩いていると水溜まりがあって、彼が手を引いて渡らせてくれながら、「弓ちゃん、僕と結婚してくれますか？」と。

「はい」とお答えしたことを覚えています。

早慶戦など東京六大学の野球の試合には、友人たちと応援に行ったことを懐かしく思い出します。彼はレギュラーではなかったのですが、日焼けした顔に白い歯がのぞく精悍な顔立ちとさわやかな人柄が人気で、代打でバッターボックスに立つと、大歓声があがっていました。

その後、婚約までしたのですが、結局いろいろ考えて、私のほうからお断りしました。そのあたりの詳しいことは以前出した本でも詳しく書きましたが、私の淡くほろ苦く、でも大切な思い出です。

大賛成! シニアの「推し活」はいいことずくめ

スポーツはラグビーも卓球も好きですが、やっぱり野球!

2メートル近い身長に、幼子のように無垢で無邪気な笑顔の頭がついたような大谷クン。かわいくてときめいています。冷静に考えると、ほとんど〝孫〟のような年齢ですけれども……(笑)。長く愛用している日本の肩こりの薬も、大谷クンがCMに出ているものに替えました。

大谷選手が結婚をした際には、よくまあ、あんなにルックスもたたずまいも美しい素敵な女性と巡り会ったものだ。さすが、大谷クン、お似合いの素敵な女性を選んだ！　と近しい親戚のようにうれしくなりました。

日本ではいま、「推し」という言葉が流行っていると聞きました。

「推し」、大賛成です。絶対にいたほうがよいと思います。

ユーチューブできょうは試合が見られると思うと、朝起きてから夜寝るまでうきうきして生活に張りが出ますし、「推し」との時間を確保するためにスケジューリングも上手くなります。

なにより、ときめきは顔や身体にもよい刺激を与えてくれると思います。

私は「若さホルモン」が出るように勝手に感じています。

俳優さんでもスポーツ選手でも韓国ドラマでも、「推し」の対象は誰でもいいのです。実際に会ったり話したりすることは、永遠にない相手。でも、その姿や声を聴くだけで幸せになれる存在は、大事だと思います。

ペットがいる暮らしで子育てをもう一度経験する

愛犬のサニーちゃんは、わが家にとって3代目となります。

2代目の雌のキャバリア・キング・チャールズ・スパニエルのビビちゃんが亡くなったあと、とても寂しくてたまらなかったのですが、3年間犬を飼うのをためらっていました。

犬の寿命は短いとはいえ、ともに80歳を超えた老夫婦。もし、私たちが二人とも先に逝ったら、そのあとその子はどうなるのか……と考えていたからです。

飼いたい。でも、それは無責任なことかもしれないと悩んでいました。

ある日、息子のジャン・ポールが言いました。

「あなたたち、また犬を飼いたいなら、そうしなさいよ。あなたたちに何かがあっても、僕たち夫婦が面倒を見るから大丈夫だよ」と。

それで決心がついて、いまのサニーちゃんを飼うようになって3年になります。

暴れサニーちゃんは、すぐソファーに上がりたがるので、彼女専用の席を用意！

シニアの生きがいになるのは「守るべき存在」

このサニーちゃんが、これまでの賢くおとなしい子たちとは正反対で、とんでもないお転婆さん。来た当初、いろいろなものを噛むわ、部屋中を走り回るわ、トイレも教えた場所でうまくできなくて、それは大変でした。

クロードと二人、声を枯らして、「サニー！ ノンノン（ダメダメ）！」と、一日中、声を枯らして、格闘している状態。80を過ぎた老夫婦がとんでもないいたずらっ子を相手に子育てしている気分で、二人とも、もうへとへとな日々が続きました。

でも、成長も早い！

多少困ったちゃんのところはいまだにありますが、このごろはすっかり落ち着いたレディになりましたし、いつも愛犬と山歩きをしてきたクロードのいい相棒になっています。

私もサニーちゃんがいることで、活気をもらっています。

命に対して軽はずみなことはできませんが、きちんと先を考えた上でなら、自分より小さいもの、弱いものを大事にする気持ちは、老夫婦の張り合いや生きがいになると感じています。

高齢者の自立とは
"一人遊び"ができるかどうか

自立というと、一人で自分の身のまわりのことができるとか、経済的に自分で自分を養えている、というようなことを思い浮かべます。

でも私は、シニアの場合はそれらに加えて「一人遊びができること。一人で楽しめるものがあること」も必要ではないかと考えています。

これも、大事な自立です。

することがなくて、一日中、時間を持て余してボーっとしている高齢者が家の中にいると、ほかの家族は気を使います。その高齢者が何かうるさいことを言ったり、とくに手をとるというわけではなくてもです。

おじいちゃんやおばあちゃんが退屈そうだから、話しかけて相手をしてあげなくては……と家族に思わせてしまってはいけないと思うのです。

105歳まで生きた祖母は、祖父が亡くなったあと、手持ち無沙汰な様子が続きました。

確かトランプが好きだったはずと、私が一人でできるトランプの「ソリティア」のゲームを教えたところ、すっかり気に入って毎日ずっとしていました。

知人のお父さまは、88歳までは自転車で2日に一度は図書館に通い、大量の本を借りてきては読んで、読書日記をつけていたそうです。その後、自転車で転んで、家族に自転車禁止を言い渡されてからは、家で脳トレドリルと写経に打ち込んでいて、93歳のいまも夢中とのこと。

“いま”好きなこと、やりたいことを始めよう

日本には、料理研究家のお嫁さんの助手から、91歳のいまではご自身も料

理研究家として活躍する男性もいらっしゃいます。その方はユーチューブも最近始められたと記事で読みました。

90代の作家の方も男女問わず、活躍していらっしゃいますし、俳優の方もいらっしゃいます。

60代でパソコンを始め、82歳でゲームアプリを開発した方は、世界最高齢の女性開発者として話題になりました。吉本興業には77歳の女性お笑い芸人の方がいらっしゃるという記事を読んだこともあります。

若いころから、同じことを続けている方も、60代、70代、80代で思い立った方もいらっしゃいます。仕事になるならないは別として、いくつになっても自分が好きなこと、楽しめることがあるシニアって、魅力的だと思います。

私も、クロードとの時間も友人たちとの時間も楽しみながら、一人だけでもきちんと楽しめる、「あの人は、ほおっておいていいの。楽しそうだから！」、そう思ってもらえるバアサンを目指しています。

「白いトイレットペーパーは何だか素っ気なくてツマラナイ」。ある日、ふと思いついて、トイレのタイルの色に合わせて、ミントグリーンの絵を描いた画用紙を巻いてみました。アクセントになって、かわいい！ こういうことをしていると、ウキウキします。

別れも出会いも柔軟に受け止めて生きていく

神経質なところも、小心者で心配性なところもある私ですが、昔から順応性は高いと思います。

戦時中のことです。学習院の初等科に通っていた兄が、学校から日光の金《かな》谷《や》ホテルに集団疎開していたため、医師の祖父を東京に残し、家族も栃木に疎開していました。祖母と母と私の三人は、可能なかぎり面会のためにホテルへよく通ったものです。

ホテルの部屋には、白いパリっとしたシーツがかかった立派なベッドがあります。スプリングが効いたベッドの上で、ぴょんぴょん飛び跳ねながら、

「かあちゃん、ここはいいね。ノミもシラミもいなくて！」

と、私が言ったことに母は衝撃を受けたそうです。

すっかり土地の子どもになっている私の笑顔を見て、この子はなんて順応性のある子なのだろう。この子は何があっても大丈夫だろうと思ったと、母から繰り返し聞かされました。


確かにそう思います。

クロードの赴任先である開発途上国に付いて行った際も、その土地でたくさんの友達を作り、手先が器用なのを活かして近所の方々のヘアカットを一手に引き受けたり、子どもたちの洋服を作ったりしていました。

いま思い返してみると、治安も衛生面でもかなり危ない経験もしました。でも、工夫を重ね、郷に入れば郷に従えで暮らしていれば、楽しくなります。

幼かった息子にも危険はいっぱいあったのに、大きなケガや病気をさせることもなく、無事帰国しました。

恐れず潔く手放せば、新しい出会いが訪れる

順応性って、年をとってからのほうが、より、その必要性を感じるものです。長年生きてくると、自分のやり方や自分の好みが定まってきます。また、周りの環境は、慣れ親しんだ付き合いの長いものばかりになります。住まい、暮らしている土地、親しい人、自分の身体。ずっとそのまま続くような気がしますが、それらは決して永遠ではありません。変化します。

私の場合なら、左手首を骨折してから、アクセサリー創りはできなくなった作業がありますし、好きなマニキュアを手に塗ることも、もうできません。でも、作業は違うやり方でもっと便利な方法を発見しましたし、そのままの爪をきちんと整えておくと、爪が息をしていることを感じられて、これはこれで美しいことを知りました。

長年楽しんできた旅の形も大きく変わりました。けれども、クロードと出

掛ける最近のヴァンの旅では、大好きな自然の風景や空気をより身近に感じることができますし、フランスの田舎町の牧歌的な魅力を再認識しています。

留守番をしてもらう夫のこと、準備や帰国してからの自分の体調を考えると、年に2回だった日本への帰国もここ数年で1回になりました。

時間はかぎられますが、集中して会いたい人に会いに行っています。

整体は先生も変わりましたが、いろいろな形で続けられていますし、新しい先生との出会いもあり、また新しいことを教えてもらっています。

大好きな賢《けん》ちゃん（高田賢三《たかだけんぞう》さん）や『Papas（パパス）』のデザイナーだった太郎《たろう》（荒牧太郎《あらまきたろう》さん）、ほかにも親しかった日仏の知り合いを何人も見送りました。また逢いたい！といつも思っていますが、いまはもう少しこちらでがんばるから、ちょっとだけ待っていてね、とお祈りしています。

義弟は認知症が進み、施設にいます。クロードは気になるようで、二人で面会に行き、義妹のところを時どき訪れて、旅に連れ出すこともあります。

そのクロードの耳もかなり遠くなって、テレビの音が大きくなったので、私は集中してテレビを見るよりも、最近は手仕事をしながら、横目で眺めていることが多くなりました。


人は自分の慣れ親しんだやり方やこれまではこうだったということに、固執しがちです。でも、できていたことができなくなるのは当たり前。いつもあったはずのものがなくなるのも当たり前。

できなくなったことは潔く手放すと、また違う楽しみや考え方が入ってくると思うのです。もちろん、過去の出会いや思い出には感謝して。人でも物事でも、別れと出会いや出合いはセットになっていると感じています。

母の心に衝撃を与えた私の高い順応性（笑）ですが、90代へのカウントダウンの日々でも、より、その力を発揮できるようでありたいと考えています。

第2章

86歳「食卓」に関する習慣

元気な80代夫婦が摂っている四つの食品があります

気を付けて、できるだけ摂るようにしているのは、玉ねぎ、にんにく、アボカド、豆腐、野菜類いろいろです。

手作りドレッシングをかけた野菜たっぷりのサラダは、ほとんど毎食登場。また、ブロッコリーをポン酢と練りゴマで和えたり、キャロットラペというフランスのにんじんのサラダやひよこ豆を使ったサラダもよく作ります。

夏はこんがり焼いたナスを入れた野菜カレーを作ったり、冬ならこっくりした義母直伝《じきでん》の野菜スープや、細切りのベーコンと小さめの角切りにした残り野菜を炒めて、コンソメキューブを入れてスープを作ることもあります。

ホウレン草やグリーンピースもよく食卓にのぼります。

アボカドはサラダに入れたり、半分に切って種を取り、マスタードソースをかけたり、つぶしてマヨネーズと混ぜて野菜スティックに付けたりします。

玉ねぎはいろいろな料理に使います。少し甘みのある白玉ねぎは薄くスライスして塩でもんで、サラダの上にのせることも。

にんにくは昔から身体によいイメージがありますよね。含まれる成分は疲労回復や血行促進、動脈硬化の予防、免疫力アップなど、うれしい効果が期待できるといわれているので、積極的に摂りたいと考えています。

常備しているのはにんにくオイル。にんにくをみじん切りにしてガラスのビンに入れて、上から菜種油をそそぎます。蓋をして冷蔵庫で保管して1週間くらいで使い切ります。作っておくと便利ですよ。

パスタや炒め物に使いますが、香りが食欲をそそりますし、コクが出ておいしいです。炒めるときに、さらににんにくをみじん切りにしたものを加えて、〝追いにんにく〟をすることもあります。

料理にはすべてオリーブオイルを使うという方もいらっしゃいますが、私は熱を入れたオリーブオイルの香りが苦手で……。サラダや焼いた野菜にかける上質のオリーブオイル以外は、菜種油を使っています。

豆腐は体重調整&タンパク質摂取の味方

豆腐もできるだけ摂りたい食品です。できたての豆腐はおいしいのですが、日持ちがしないので、ロングライフの豆腐を常備しています。

夫のクロードはお味噌汁が苦手で、私もどちらかというと苦手。味がないと言って、湯豆腐や冷ややっこも苦手なのですが、最近、なぜか豆腐を食べたいということも。年齢を重ね、食べ物の好みも変化しているのでしょう。

そこで、ねぎやわかめと一緒に、鶏ガラスープやゴマ油を少し入れて中華

義母が教えてくれた味

シャロー家の野菜スープ
（作りやすい量）

●中くらいのじゃがいも3、4個とにんじん2、3本を皮をむいて、1センチくらいの輪切りにします。中太1本のポアロー（日本の白ねぎでもOK）をタテに3、4か所切れ目を入れて、1〜2センチくらいの長さになるように切ります。

●これを鍋に入れて水を入れます。水の量はひたひたの倍くらいを目安に。

塩小さじ1/2、こしょう少々、固形スープの素1〜2個を入れて、中火で30〜40分煮ます。

●材料が柔らかくなったら、ミキサーかバーミックスでなめらかなとろみ状になるようにします。バーミックスを使う場合は、刃が鍋にあたらないように鍋を傾けながら。

●味をみて、濃すぎたらお湯を足して、薄ければ混ぜながら、少し煮詰めて調整します。

●お皿に盛り付けて、いただく直前に生クリーム少々をかけるのが、シャロー家流。とてもシンプルなスープですが、癖がなくて、飽きません。

☆角切りにした食パンを、バターを引いたフライパンでカリっと焼いたクルトンを加えれば、ボリュームのあるスープになります。

☆冷蔵庫で2、3日はもつので、私は2回分くらいを一度に作っています。

風のスープにします。冷蔵庫の残り野菜を入れたり、ふんわり溶き卵を流したりすることもあります。消化もよくて、たっぷりいただけます。

また、ちょっと食べ過ぎの日が続いているときも、私は豆腐で調整します。タンパク質はしっかり摂りたい、でも体重は元に戻したいと思うので、豆腐を主食がわりや主菜としていただいています。

おそば屋さんやおうどん屋さんでも、私は豆腐をよく注文します。好きな単品のとろろのおそばやおうどんは、それだけではややさびしいけれど、揚げ物だと重い。豆腐ならヘルシーですし、栄養的にもよいかと思うのです。

実家は来客が多い家で、母は手料理でもてなすことを喜びとしている人でした。和・洋・中と腕をふるっていて、私も見よう見まねで覚えました。

ブルゴーニュ地方の街ディジョン出身の義母は料理上手で、いくつか教えてもらった義母の味を、私はずっと作り続けています。

クロードの得意料理

鶏のフランス風煮込み

（作りやすい量）

●鶏もも肉5、6枚を一口大の食べやすい大きさに切って、塩、こしょうをします。

●深さのあるフライパンに油を引いて、この鶏もも肉を入れて焦げめがつくくらいまで焼きます。

●にんじん2、3本は粗いみじん切りにしておきます。マッシュルームの缶詰1、2缶は、ホールなら薄切りにしておきます。

●フライパンに、このにんじん、マッシュルームを加え、薄切りにした玉ねぎも入れて、中火で火が通るまで炒めます。

●固形スープを溶かしておいたお湯を加えて、ブーケガルニ（ローリエの葉やタイム、パセリの芯などでもOK）を入れて蓋をし、弱火から弱めの中火で40分くらい煮込みます。

●仕上げに生クリームを100ccくらいと小麦粉小さじ３杯くらいを入れて、だまにならないようによく混ぜながらとろみをつけたら、出来上がりです。

●お皿に盛り付けたら、みじん切りのパセリをかけます。

☆マッシュポテト、茹でたマカロニやパスタ、ご飯にも、とてもよく合います。

食べることが大好きで、作ることが苦にならない。これは日々の健康につながっていると感じます。二人の母には感謝、感謝です！

クロードに、「日本人の奥さんをもらったから、あなたは和食も中華（酢豚や餃子）、洋食（パスタやグラタン、コロッケ、ハンバーグなど）、インド料理（カレー）と、食卓が豊かでよかったわね〜」と言いました。

すると、彼に言われました。

「ユミが作る和食は、トンカツ、唐揚げ、天ぷらなど揚げ物ばかりじゃないか」

そうだけれど、クロードは煮物やつみれ汁なんて食べないじゃない！

ただ、確かに私は昔から揚げ物が大好き。夫も好きでよく登場していたのですが、さすがにこの1、2年は控えめにしています。あとは肉や魚などのタンパク質も油脂類も乳製品も果物も、毎日きちんと摂ります。まわりを見ても、やっぱりしっかり食べている人って、若々しくて元気だと感じます。

実家の母直伝・カニのクリームコロッケをアレンジ

白身魚のクリームコロッケ
（15個分くらい）

●白身魚の切り身500グラム、私はパーチという淡水魚が好みですが、タラなど身の締まった白身魚なら何でも!

●鍋に水とブーケガルニ（ローリエの葉やタイム、パセリの芯などでもOK）とにんじん、荒く切った玉ねぎを入れて、塩、こしょうで濃いめの味をつけます。20分くらい煮立たせたのち、少し冷まします。

●白身魚の切り身500グラムを適当な大きさに切って、この鍋に入れて弱火で魚がくずれないように20分くらい茹でます。

●鍋の火を止めて冷ましますが、魚は入れたままにして味をしみこませます。有塩バター100グラム、小麦粉大さじ4～5杯、牛乳350ccくらいで、ベシャメルソースを作ります。

●密閉容器にこのベシャメルソースを入れて、水気をよく切った魚をほぐしながら入れます。さらにここへ、ゆで卵3、4個分を粗みじんにしたものとパセリを粗みじん切りにしたものを多めに加えて、さっと混ぜ合わせて冷蔵庫で一晩寝かせます。

●翌日、大さじ1杯くらいを1個分にして形を作り、小麦粉、溶き卵、パン粉の衣をつけてフライにします。

☆揚げたてにレモンを搾って、しょうゆを少しかけるのが美味です。グリーンピースご飯と一緒にいただくのがわが家の定番。

☆付け合わせに、玉ねぎのフライやピーマンやパプリカを素揚げにすると、彩りがきれいで野菜も摂れます。

☆すぐにいただく分以外は、衣をつける前の状態で冷凍庫に。解凍は使う前日に冷蔵庫でゆっくりするのがおすすめです。

オートミールと薄切り肉で無理のない食生活を

不摂生のため70代半ばから、悔しくも（涙）、部分入れ歯があります。それでも、70代の間は問題なかったマフィンやバゲットが辛くなってきました。

いま、毎朝いただくのはオートミール。腸内環境を整えるプラム5、6個を刻んで、ラズベリーと干しぶどうをたっぷり入れて水と牛乳半量で煮ます。一度に4、5日分を煮ておいて密閉容器に入れて冷蔵庫に。これを朝、大きなスプーン2、3杯に牛乳をかけて電子レンジで温めます。

同じく部分入れ歯のクロードもオートミール。一緒に作ってあげるというのですが、いい、自分で作るからと言ってきかないので、それぞれマイ・オートミールを用意します（笑）。

私は食べるときに、バナナ半本を薄切りにしてのせて、冷え性対策のシナモンパウダーをふりかけます。続けてみると、腸の調子も血液循環にも、私にはとてもよくて、すっかり定番になりました。

パンは、いまは柔らかい小型食パン専門。スライスして2斤分くらいが1袋で売っています。穀物入りの茶色いパンですが、柔らかくて食べやすい。スープに浮かべるクルトンも、これで作ります。

白いご飯はクロードがあまり好まないので、たいてい季節の炊き込みご飯やガーリックライス、チャーハンなど味付きのものにします。

じゃがいもを皮ごと茹でたアツアツに、

ある日のランチ。豚肉のサラダ菜巻き、チャーハン、豆腐と野菜の中華風スープです。

刻んだパセリとおろしたにんにくを、バターに少し練りこんだものをかけて、主食にすることも。おいしいですよ。

シニアの食生活は工夫しながらおいしく

塩分は控えめに、しょうゆは減塩タイプを使用しています。

フランスは酪農国なので、バターやクリーム類の種類が多くておいしい！　値段も日本で３０００円前後の価格がついているバターが、こちらでは６分の１くらいで買えて、とても手ごろです。バターは大好物ですが、動脈硬化や心臓病も気になるので、最近は少し控えめにしています。

牛や豚の大きな塊の肉は、夫婦ともに歯にも胃腸にも厳しくなってきました。でもフランスには、日本のようなパック入りの薄切りの肉も、惚れぼれするような霜降りの肉もありません。

以前は、行きつけの肉屋さんでスライスしてもらっていましたが、彼が引退。そこでハムをスライスする機械を購入して、家内製造しています（笑）。

まずは1時間～1時間半、塊の肉を冷凍庫で半冷凍に。あらかじめ、ラップとホイルを切って用意しておいて、クロードがスライスした肉を私が受け取り、せっせとラップに包んでさらに上からホイルでくるみ、小分けにして中身を書いたシールを貼っていきます。この日は臨時の肉屋さん夫婦になります。

薄切りの肉なら火の通りが早いですし、扱いやすいので、最近はこれ専門。たとえば薄切りの豚肉に片栗粉をつけてカリっと揚げて、しょうゆと酒、みりんに、ライムの皮と搾り汁を混ぜたたれにくぐらせて、サラダ菜に巻いて食べるのはわが家の定番です。

薄切り肉はコロコロとまとめて片栗粉をつければ、塊《かたまり》ふうになって酢豚に。挽《ひ》いて叩けば餃子の中身になります。

腹は八分目で間食はしない。水分はたっぷり。白いものは豆腐以外とらない。体重は毎日測って増えないように注意。この4点を心掛けていますが、逆に真夏の猛暑日や旅先で疲れたときなど食が進まないこともあります。

年をとると、むやみに体重が減るのもよくないといわれるので、昼か夜のどちらかでしっかり栄養を摂って、ほかは簡単にすることもあります。クロードもそれでいいというので、チーズとハムとサラダだけの夜もあります。先ほどの小型のパンをタテに半分に切って、半熟卵を付けていただいたり、簡単クロックムッシュを作ったりもします。

これは、2枚のパンの両側にバターを塗って、薄く切ったコンテのチーズとハムをはさみます。フライパンにもバターを流してギューッと押し付けるようにして焼いて、食べやすい大きさにカットすれば出来上がり！

身体に負担をかけないで、おいしいものを食べる。そんなことを考えながらキッチンに立っています。

人気の『ピカール』で買っているのは、青味の野菜と魚介類

冷凍食品の専門店『ピカール』。日本でも何年か前に店舗ができて人気になっていると聞きました。私も利用しています。

よく買うのは、アスパラガスやグリーンピース、ホウレン草などです。緑のものは彩りや付け合わせにちょっとだけ欲しいなと思っても、わざわざ茹でるほどではなかったり、買い置きがないときがあります。そんなときは大助かり。サラダやシチューやスープに入れるのにも便利です。

ホウレン草は日本だとおひたしやゴマ和えがおいしいのですが、私はレンジで温めて、フランスのおいしいバターを少しと塩、こしょうをして付け合わせにします。ソテーにするよりも食べやすい気がします。

魚介類も重宝しています。近所にはおいしい魚屋さんがなくて、魚介類はマルシェ（市場）で買います。鮭だけはとびきりおいしいお店がマルシェにあるのですが、それ以外の魚については、夏の暑い時期は、これッ！と目を引くものがなかなかありません。

でも、魚介は摂りたい。それでタラや鯛、サバやホタテなどを『ピカール』で調達します。すぐに使えますし、おろす手間もいらず、使う分だけ小出しにできるので、少人数家庭には有り難いと感じています。

日本とは品揃えが違うかもしれませんが、パリで大人気のカフェを営む日本女性も、『ピカール』のイワシはおいしいと言っていました。『朝日新聞デジタル』で月1回連載している料理家の冷水希三子《ひやみずきみこ》さんのレシピは、作りやすくておいしくて、気に入っています。

冷水さんの「ホタテとアスパラガスの炊き込みご飯」も、『ピカール』のアスパラガスとホタテでおいしくできました。

これだけは、私が必ず日本で買って帰る便利なモノ

日本は便利でおいしいものが、世界一たくさんある国だと思います。帰国すると、私はお茶や調味料などスーツケースに詰めて持って帰ります。

まず、『永谷園』の「浅漬けの素」①。60秒でできて簡単なんてものじゃないくらい簡単。刻み昆布が入っているのもうれしい。野菜たっぷりの食卓を心掛けているので、これは便利です。

『ろく助本舗』の「ろく助塩」②は一番ポピュラーなあら塩（白塩）を。岩塩やフランスの塩など、いろいろ混ぜながら使っています。ドレッシングやスープに、普通の塩と、ろく助塩をちょっと入れるとおいしいですよ。

愛用している方が多い『茅乃舎《かやのや》』のだし（③）は、焼きあご入のだしとコンソメ風の2種類を。減塩タイプのものもありますが、これは私は普通のものを使っています。

『ヒガシマル醤油』のうどんスープ（④）も必需品です。うどんスープなので、麺料理にはもちろんいいのですが、カレーやスープ、フランスの煮込み料理の隠し味として入れると、味に深みが出ておいしくなります。唐揚げの下味に使うという方もいらっしゃいますね。

熱くても冷たくしてもおいしい、加賀棒茶《ぼうちゃ》（⑤）も欠かせません。そして、なくてはならないのが100円ショップのお茶パック（⑥）。85〜100枚入りを3袋くらいまとめて。いまでは、私が愛用する「固めるテンプル」などは売っているフランスですが、これだけはどこにも見つかりません。

お茶がらをまとめて捨てられるなんて、昔の人が知ったら驚くアイデアで

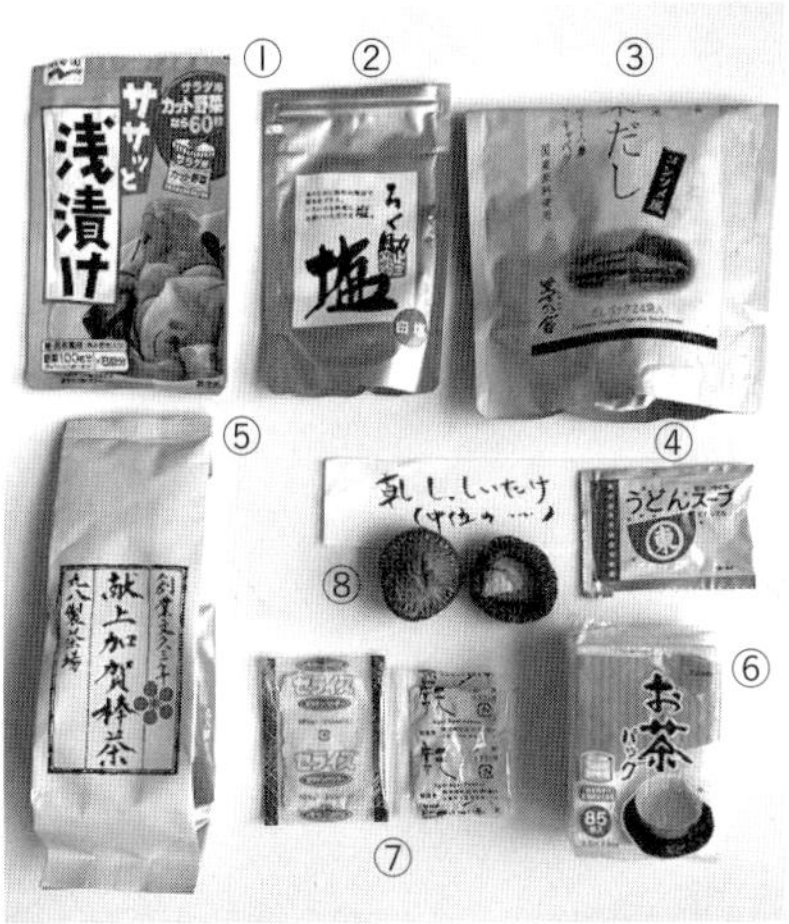

日本から持ち帰る物。これらは私が絶対に欲しい物！

すよね。洗い物もラクです。

あと、私はゼリーというものが昔から大好きで、ゼリー寄せなどの塩味系から、食後のフルーツゼリー、杏仁豆腐などをよく作ります。あのプルンとした食感が好き。ですから、「ゼライス」や「寒天」⑦も荷物に入れます。

ゼラチンはコラーゲンを豊富に含んでいて、肌の保湿や弾力性にいいと聞きますし、「寒天」は食物繊維が豊富で腸内環境を整えるそうなので、これからも、せっせと摂りたい食品です。

干し椎茸は中くらいのものが使い勝手がよくて気に入っています⑧。インターネットで外国のものを取り寄せたこともあるのですが、やはり日本のものがおいしい。

戻してスープに入れたり、わが家ではすき焼きに入れたりします。

あとは、疲れたときなどたまに飲みたくなる、フリーズドライの即席お味噌汁。具入りの味のいい、ちょっとお高めのものを購入します。

赤味噌や白味噌、合わせ味噌もありますし、なめこの具なんてプルプルしていて、どうやって作っているのかしら!? と感動ものです。

日本のショップの品揃えは世界一!?

帰国すると、友人や知人から日本のお菓子や焼き海苔などもおみやげによくいただきます。高知の馬路村《うまじむら》の柚子酢を、これでお寿司を作るとおいしいのよと頂戴したり、徳島の上等の和三盆《わさんぼん》を頂戴したりもします。

和三盆は甘さ控えめに作ったコーヒーゼリーの上にかけると、コーヒーゼリーが雅《みやび》な味（笑）になっておすすめです。

親しい友人たちは、もらうものが重なっても困るだろうから、遠慮なく必要なものをリクエストしてねと言ってくれるので、では、○○さんにはこれを、□□さんはこちらをと、割り当てさせてもらっています。

有り難いことです。

あとは、食品ではないのですが、薬類。虫に刺されたときのかゆみ止めの軟膏やリキッドタイプの肩こりの薬や、点温膏や漢方薬も欠かせません。

昔から使い慣れている薬が日本のドラッグストアには揃っていますし、デンタルケアの用品も日本は種類も多くて素晴らしいと思います。

100円ショップの商品も、クロードの庭仕事用の手袋や、柔らかくて片面がガーゼになったフェイスタオルなど、とても気に入っています。

あれこれ見たり、買い出しにと、帰国前には100円ショップやドラッグストア、そして楽しい便利なものが見つかる『ハンズ』は、必ずのぞいています。

安価で良質な品物が豊富にあって、世界に誇れる日本のお店だと思います。

おもてなしには自宅で揚げる「天ぷら」が人気

お客さまを家にお招きすることが大好きです。

クロードの妹や姪たち、夫婦で親しくしている友人家族、クロードの友人夫婦やパリ在住、そして日本からくる私の友人たちと、うれしいことに千客万来です。多いときは十人分以上の料理を作ります。

おもてなしはレストランですることもありますが、家にお招きすることが多いでしょうか。フランス人にとって最高のおもてなしというのは「自宅にお招きすること」という考え方が昔からあるためです。

また、旅行で日本から来ている友人なら、フランス料理の合間に、少し家庭料理でお腹をほっとさせたいときもあるかしら……と考えます。

天気がよければテラスで、ランチや空模様が心配なときはダイニングに食卓をセットしています。

よく、同世代か少し下の世代の友人たちからは、自宅にお客さまを招くのはもう億劫だわ、と聞きますが、私の場合はまったく苦になりません。お客さまの顔を思い浮かべながら、あのメンバーなら何がいいかしら、喜んでもらえるかしら……とあれこれ考える段階から楽しんでいます。

たくさん揚げて、おみやげにも！

作るのはいずれも手慣れた気の張らない家庭料理ですが、マルシェやこれなら、あそこ！ というように気に入ったお店で材料を調達してきます。

また、私もなるべく一緒に座って会話に加われるよう、メニューの段取りをします。

おもてなしの一番のごちそうは、楽しい会話ですものね。

前菜には、自分が好きな（笑）ゆで卵や野菜などのコンソメゼリー寄せをよく作ります。

ほかには、グラタンや野菜のチーズ焼きなどのオーブン料理、メインに肉料理か魚料理を。女性のお客さまが多い場合は、必ず野菜たっぷりのサラダ、あとは季節のご飯ものと、夏なら果物のゼリーやイルフロッタント（カスタードクリームにメレンゲを浮かせたもの）、寒くなったらパイなどを焼きます。

最近は天ぷらをお出しすることも多いです。エビやかき揚げ、野菜類など。溶いた全卵と小麦粉を衣にして、サクッと揚げた天ぷらは好評です。たくさん揚げて、お帰りには折に詰めておみやげにします。

一人暮らしの方ですと、自分のためにわざわざ家で天ぷらを揚げるのは手間ですよね。ですから、わが家でもしっかり召し上がっていただいて、「おうちでまた、天丼とかミニカツ丼にしてね」と手渡すと、とても喜ばれます。

キッチンと食卓まわりは最小限のモノでストレスフリーに

とてもシンプルでコンパクト、そしてモノが少ないキッチンだと思います。キッチンは、基本的に家族以外の誰かがそうそう入ってくる場所ではありません。自分が便利で使いやすく、スムースに安全に動けることを考えたらこうなりました。毎日毎食キッチンに立ちますが、時間としては、あまり長くはありません。

せっかちなので、ぱっぱと手際よくおいしく作ることをモットーにしていることは昔もいまも変わりありません。

また、キッチンの道具類は、一つ新しいものを買ったら一つ処分することにしていて、持ち数を増やさないのも変わりありません。

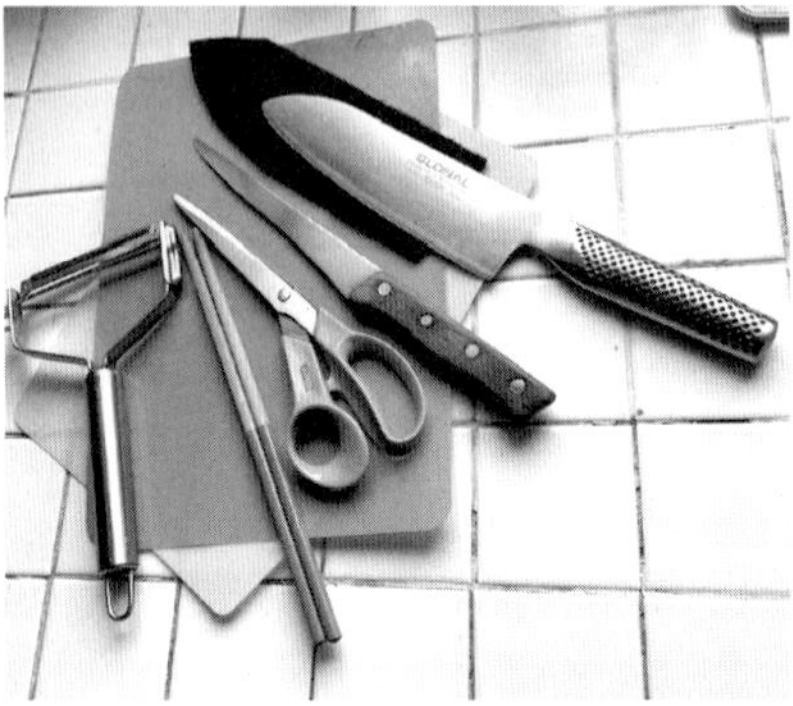

右から2番目の包丁と菜箸が58年ものです。

調理器具について

調理器具ですが、最小限のモノしか持たない主義です。お気に入りの包丁とまな板、菜箸《さいばし》、木べらという昔からのメンバーに、昔の『東急ハンズ』で買ったピーラーがあれば、たいていのことはできます。

いずれも28歳でフランスに来たとき以来使っているので、58年の年季ものですが、使いやすくて手放せません。ピーラーのかわりに薬味おろしを加えた5点は、ヴァンの旅やキッチン付きホテルの滞在にも持参します。

そのほかに持っているものといえば、ボウルやざる、フライ返しとお玉など一般的なものでしょうか。

ここ数年で増えたものは、『グローバル』の包丁と、材料を切ったらそのまま鍋の上に運んで投入できるプラスチックのまな板と、キッチンばさみ。

切れ味抜群の包丁は、日本の友人から、色違いのプラスチックまな板は、アメリカの友人からのプレゼントです。まな板は軽くて食材に合わせてどんどん切っていけますし、すぐに洗えて乾きも早いので、重宝しています。

キッチンばさみは鶏肉の皮を切り取ったり、一口大に切ったりするのに使います。庭のハーブを料理に合わせて切るのにも便利で、包丁より断然早い！

鍋やフライパンについて

鍋やフライパンの持ち数も少ないと思います。

鍋類は全部で四つ。すべてステンレスの片手鍋。直径21センチの深鍋に直径18センチが二つ。一つは厚手で炒め物にも便利です。あとは、10センチくらいの小さめのものです。フライパンは三つで、すべてフッ素樹脂加工のもの。直径27センチの大きいものと、直径23センチの小さいもの、中くらいで深さのある25センチのものです。すべて軽くて使いやすいもの。

これらの鍋やフライパンは、すべてスーパーマーケットで買えるお手ごろ価格のものです。『ティファール』なども、こちらでは日本円で１６００円くらいなので、揃えて買います。

というのも、私はあまり神経質に磨かずに、割り切って1、２年ですべて買い替えているからです。ゴシゴシする力もだんだんなくなってくるので。

テフロン加工にしても、使っているうちに、加工がとれて油が必要になってきますし、高価なものを長く大切に使うよりも、手ごろなものでいつもきれいな状態で使っていたいと考えています。

調味料について

ガスコンロの下の二つの引き出しは、上には大型の調味料のビンや砂糖、小麦粉などの粉類を入れて、下は鍋やフライパンを収納しています。

よく使う調味料はしまわずに、ガスコンロの近くに並べています。せっかちなので、調味料の蓋をいちいち開けて鍋にふり入れて、蓋をまた閉めて……という動作ができないのです（笑）。

片手でぱぱっと入れて、ちゃっちゃっとかき混ぜたい。そこで、よく使うオイルやビネガーは、注ぎ口付きの、蓋なしのかわいいボトルに移し替えて、ガスコンロ近くのスペースに出しておくことになったわけです。塩とこしょうは換気扇の木枠を利用して。塩は湿度の低いフランスなので蓋は開けたまま、こしょうもよく使うものですが、ミルで挽きたてを使いたいので断念！見せる収納ですが、一応、色を揃えたかわいいボトルに入っているので気にならないかと……。

食器類について

食器類はもう使わないものは処分し、好きなものを必要なだけにしています。お客さま用、普段使い用と、はっきりと分けてもいません。

キッチンの食器棚にほとんどのものは収めています。

ワイングラスは、家族もお客さまも使えるもの。大小の平皿を数種類と深皿、サラダにもスープにもフルーツやデザートにも使えるサラダボウル、カトラリー類、盛り合わせてサーブするガラスのトレイをいくつか。そして、実家のお蔵から唯一持ち帰ったティーカップと、普段使いのマグカップです。

好きなグリーンと白の色合いの食器で揃え、ガラス類は旅先の外国の蚤の市で購入して、大切に持ち帰ったアンティークのものです。

大切な思い出とともに使ってきた食器類は、盛り付けながらも洗いながらも、やっぱりこれ好きだわと思います。


よく同じ食器ばかりだと飽きてしまうという話も耳にしますが、本当に好きなもの、大切なものは、飽きることがないように感じるのです。

作り置きはしていません。手早い段取りには自信あり！

楽しく作っておいしくいただくには、段取りがすべてだと思っています。

食材の買い物は、スーパーマーケットもマルシェ（市場）も近いので、老夫婦二人暮らし、無駄に買って余らせないようにしています。切らしてしまったり、足りなくなりそうなものはメモをしておいて、クロードが買い出しに行く際に渡します。

ハム切り機で薄切り肉を家内生産する日は、200〜300グラムずつを小分けにしながら、頭の中ではすでにその日のランチのことを考えています。

そうだ、この切れ端は残り野菜と炒めて、きょうのお昼のラーメンの上にのせたら栄養満点になる！　というようにです。

いつも使う餃子の皮は1袋が24枚入り。二人では食べきれないので、包みながら、残りは週末に、これを入れたおいしい中華スープを作りましょう、と考えています。

トマトの季節には、庭のハーブやローリエでトマトソースを多めに作ります。パスタにからめるのもよし、薄く切って軽く炒めたナスを重ねてトマトソースをかけてパルメザンチーズをたっぷりのせてグラタンにしてもよし。まだ残っていたら、ご飯とお肉や野菜を炒めたところにソースを入れてオムライスに。上からまた、このソースをかけてもおいしい！

私は多めに作って冷凍はしますが、いわゆる作り置きはしません。段取りは頭の体操。そして、暮らしの中でお金をかけずに簡単にできる〝老い防止〟と考えます。そこには時間をかけすぎて疲れないコツも必要です。

第3章

86歳「健康と日常」に関する習慣

私にとって心地よい毎日のルーティンがあります

朝～午前中

朝は6時半ごろ目覚めます。

起きたら枕をはずして、10～15分くらい寝たままで手足のストレッチをしてからベッドを出ます。もう、20年以上続けている習慣です。

その後、朝食。メニューはいつも同じで、いれたてのエスプレッソコーヒーと冷たい牛乳を半分ずつマグカップに入れて、電子

毎朝のオートミールは、私の腸内環境を整えるのと冷え性対策にもよいようです！

レンジで温めます。

あとは、82ページの作り置きのオートミールをサラダボウルに入れて牛乳を加え、電子レンジでチンしたものに、バナナ半本をのせてたっぷりのシナモンパウダーをふりかけます。朝のタバコを一服してから、たっぷりの水で朝の薬4種を飲みます。

そして、私にとって大切な朝のトイレタイム。


夫のクロードはまだ寝ていますが、愛犬のサニーちゃんが目覚めるので、テラスでトイレをさせて、朝食を与えます。このとき、3、4日に一度はテラスに咲いた季節の花を摘みます。

ミニの花瓶に活けて室内に飾りますが、ダイニングのテーブルにはお花を欠かさないようにしています。

普段着に着替えて、洗顔し、「SHISEIDO」のセラム（美容液）をつけます。

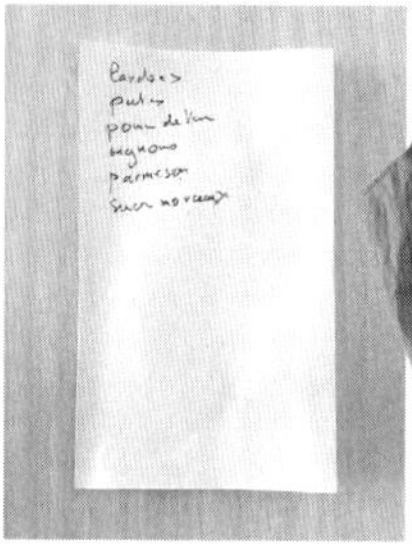

買い物メモ。そしてクロード愛用のエコバッグ二つ。

コロナ禍以来、人に会ったり、外出したりする日以外、お化粧はしなくなりました。

洗面所ではもう一つ大切な朝の儀式があります。丁寧に髪の毛をブラッシングして、その日落ちるべき髪の毛をすべて落として捨てるのです。

室内に髪の毛を落とさず、毛根を刺激して活性化できるので、一石二鳥！

これが終わったら、円柱形の手作りクッション（119ページ）で背筋を伸ばす工夫をしたソファーに座り、iPadで『朝日新聞デジタル』を読み、届いたメールやLINEをチェックし、返事を書きます。

時差を考えて、日本の友人や知人（日本が夏は7時間、冬は8時間進んでいます）に電話をすることもあります。

クロードは少し遅く起き、一人で朝食、その後サニーちゃんと散歩へ出掛けます。３日に一度ほどは、私の書いたメモを持って、マルシェ(朝市)やスーパーに食品や日用品の買い出しに行ってくれます。

水や牛乳(フランスは長期保存のタイプ)、油や砂糖、塩などの重たいものも、月に2回ほど車で買い出しに行ってくれますが、私も一緒に行くこともあります。夫だけのときは、サニーちゃんとの森歩きのお楽しみがセットになっているようです。

まだ時間があれば、大好きな手仕事やiPadでゲームをします。

昼～午後

お昼はカレーとサラダだったり、チャーハンと揚げた豚肉とスープ、野菜たっぷりのラーメンなどを用意をして、夫と二人で12時～12時半ごろまでに済ませます。二人でピッツァを作ってサラダを添えることも。

14時ころまでは、日本やパリの友人たちにメールや電話をしたり、ミシンかけやアクセサリー作り、イラストを描いたりして過ごします。

16時半がお茶の時間。診ていただいている整体の先生方は、ただの水が一番いいと言いますが、水だけというのもそうそう飲めないので、お茶に。冬は温かい飲み物を、夏は冷たいドリンクを用意することもあります。クロードには紅茶を、私は加賀棒茶などの日本茶をいれることもあります。

時には、庭のミントを浮かべたミントティーや、最近は夫が紅茶だと夜眠れないことがあるというので、ルイボスティーをいれることも。

お茶用のカップ。左の私用には大好きなアメリカの画家ノーマン・ロックウェルの絵のプリントが。アンティークフェアで、2個2ドルで購入！

お茶のひととき……というと優雅な印象ですが、テーブルに着いてお茶菓子とともにではありません(笑)。

庭仕事や何か作業をしている夫のところへ大きなカップを持って行ったり、私は私で手仕事をしながらだったり、それぞれ何かをしながらで、たいていはお茶だけです。

若いころ腎臓を悪くしたクロードは、水分をたっぷり摂る必要があります。私も整体の先生から、とにかく水分を！ と言われているので、この16時半のお茶タイムは必須です。


私は友人たちとランチやお茶、アクセサリーや小物類の素材を買いに外出することもあります。クロードはクロードで、日課の1日1本(たまに2本)の映画を観に行くか、友人と会ったり、サニーちゃんをお供に森歩きに出掛けたりします。

夕方〜夜

18時半、サニーちゃんに夕ごはん（30分くらい前からおねだりで大変！）。19時少し前から夕食の支度を始めます。19時半前には夕食を始めて、20時にはテレビのニュースをつけます。よい番組があれば、そのまま続けて二人で映画やドキュメンタリー番組を観ます。

私は手仕事をしながら、ちらちら見です。サッカーの試合があるときは、クロード一人で観戦したり、私はiPadでゲームに熱中することもあります。また私は、いまはなんといっても、「大谷クン命！」なので、ユーチューブでドジャースの試合を楽しむ日もあります。

21時を過ぎると、まずサニーちゃんが寝る場所に行きます。

私は22時ころお風呂。夏の暑い日以外は湯船にしっかりつかって、身体を温めます。洗髪は3、4日に1回。年齢とともに、洗いすぎるのもよくない気がして……。

フランス人の夫は朝のシャワー派です。

クロードは23時前にはベッドへ、私はそれから睡眠薬とメラトニンを飲み、夫を起こさないようにヘッドライトをつけて、日本の本を読みながら、ベッドで24時近くまで過ごします。

眠気がきたら、緑内障の目薬をさして眠りにつきます。

眠るのが苦手なので、睡眠薬を飲んでも、「朝までグッスリ」は月に1、2回で、夜中に何度かトイレに起きることもあります。でも、そこからまた眠りたいので、ユーチューブなどを見て、いろいろ工夫を重ねて少し改善されてきています。

80歳からはまとめ家事、ちょこちょこ家事で十分

料理

料理はまったく苦にならず、大好きです。といっても、時間をかけてフルコースを作ったり、凝ったテーブルセッティングをすることはありません。繰り返し作っても飽きないもの、日本の洋食や家でできる中華、夫の母が教えてくれたフランスの家庭の味などを楽しみます。

せっかちで、効率とスピードをモットーとする私は（笑）、昼は15〜30分、夜は30〜40分くらいで仕上げています。そうじゃないと、飽きますから。なんといっても毎日のことですものね。

出掛ける日や日本とオンラインで打ち合わせがある日などは、時間を逆算

してキッチンに行くついでにちょこちょこ下準備をしています。せっかちな私のキッチンの工夫については、97～102ページでお話したとおりです。

ちなみにクロードは、料理の手伝いはもちろん、時どき腕をふるって、フランス風の煮込みやピッツァなどを生地から作ってくれます。物を作ることが好きな彼にとっても、料理は楽しい作業のようです。

洗濯

洗濯は溜まったら、だいたい週に1回くらいして、そのままテラスの乾燥機で乾かして、すぐにアイロンかけをします。

残念なことにフランスには、太陽の光に存分に当てる外干しの習慣がありません。その一方で、下着やTシャツやジーンズなど、何にでもアイロンをかける国です。高温殺菌を考えてのことかもしれませんね。

慣れると、ピシッとプレスがかかっているのは、とても気持ちいいもので、私も寝具類も含めて、すべて自分でピシッとアイロンをかけます。

掃除

クロードも私も働いていたときは、掃除はポルトガル人のハウスキーピングの方にお願いしていました。フランスはわりとお願いしやすい価格なので、子育て中や共働きの家庭ではかなり習慣化しているシステムです。

いまは時間もありますし、老夫婦二人だけなので、家の中はそんなに汚れません。ポイントだけ押さえて、あとはそれほど神経質にはしていません。押さえているのは水回り。バスルームの鏡はいつもピカピカに。トイレはこまめに掃除をして、日本の芳香剤などで清潔にしておきます。

床は気が付いたときに小さい手持ちのクリーナーで、部分的に掃除をします。週に1、2回大きな「ダイソン」のクリーナーで、しっかり掃除するのはクロードの役目。ガラス拭きも、クロードが気が付いたときにしてくれます。

テラスの植木の手入れも、必要なものを工夫して作ったり、壊れた電化製品や家具を上手に修理するのも、元エンジニアのクロードの役目です。一家に1台(!)のエンジニアは有り難いものです(笑)。

ご存じのように、フランスは室内でも靴を履く暮らしですが、わが家では、私と夫は外履きの靴から家用の靴に履き替えます。ただ、お客さまにはお好きにどうぞとお伝えしているので、靴のまま上がられる方もいます。

このフローリングの床を、私はひざまずいて這うようにして、週に二度、雑巾で水拭きしています。トイレや洗面所の床もです。

使い捨てのシートを取り付ける床掃除用のワイパーがありますね。初めて友人に教えてもらったとき、クロードに「便利そうなあれを買ってきて欲しい」と言ったところ、「いや、雑巾で、ああやってせっせと床を掃除しているから、その元気な足腰がある!」と却下されました。

「ケチ!」と思いましたが、確かに一理あると思いました。

疲れない身体、痛みのない身体は整体のおかげ

20年以上整体のお世話になっています。先生は引っ越しや引退などで変わっていますが、そのつど、よい方に巡り会い、健康を保てています。

整体とは、骨格や筋肉のバランスを整えることで身体の不調を修正し、健やかな状態を保つための施術です。整体の施術を受けるようになってから、長年辛かった肩こりが治り、86歳のいま、私はどこも痛いところや辛いところがありません。とにかく元気なのです。

この年で悪いところがどこもないというのは、かなり珍しいことではないでしょうか。有り難いことだと思っています。

これは絶対、長年続けてきた整体のおかげだと、私は信じています。

二人の整体の先生の施術で身体を整える

いま施術をお願いしているのは、日本人女性の「デトックス整体パリ」のアキコさん。

アキコさんは、以前はパリに住んでいらしたのですが、1年前に地方へ引っ越され、以来、週に1回、夜に1時間半ほど電話で施術を受けています。

呼吸法や身体をひねったり、伸ばしたり、教えてもらうとおりに動きます。

それに加えて、パリの14区で「井本整体」の施術を行っているオリビエ・ラアル先生のところにも週に1回通っています。何人かで一緒に先生の指導のもと体操をします。こちらは1時間です。

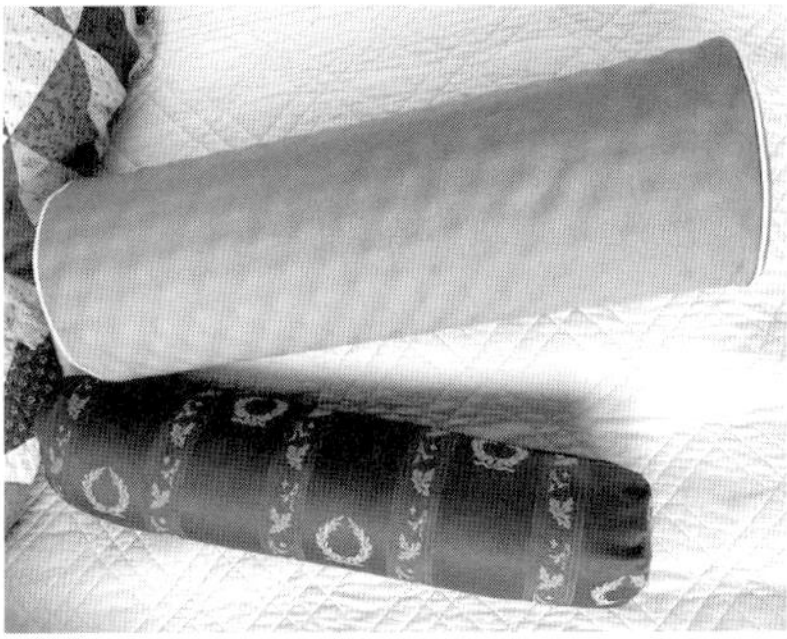

整体の円柱形のクッション。上はアキコさんの電話整体で使い、下の自作のものはソファーに座るときに、腰の後ろに入れます。

井本整体は井本邦昭《いもとくにあき》先生が主宰する「人体力学に則った」整体です。変化を拒むことなく、柔軟に受け入れて順応する。そして生き物として本当の強さを発揮するための施術を行う整体です。

オリビエ先生の施設では、いつもレッスンの始めに、まず大きな人体解剖図が参加者の前にかけられます。内臓や筋肉、リンパ系や血管などの位置や働きがわかるものです。それを見ながら、なるほど、ここをこう動かせば身体はこのように反応するのかなど、頭と身体で理解しながら吸収しています。

整体は何か特別な病気に効果があるというのではありません。ただ、続けていると、知らない間に身体の不調がなくなって整っていることを感じます。私自身は姿勢がよくなりましたし、疲れ知らずになったと実感しています。

私の年齢で疲れ知らずというのも、珍しいことではないでしょうか。

機嫌よく心地よく過ごせる身体を求めているのなら、おすすめですよ。

ゆっくり動いて、ゆっくり呼吸をして身体を整える

整体の施術をしてくださるアキコさんには、いろいろな助言をいただいています。いまは電話での施術が主ですが、もともとはわが家に来て身体をみてくださっていたので、私の身体の状態や癖をよくご存じ！

施術の際のいっときだけでなく、私の生活パターンを聞き取って、安全でラクに、そしてなにより楽しく暮らせるように考えてくださっています。そのために、生活の中で気軽に取り入れられるアドバイスもくださいます。

お医者さまもですが、アキコさんのような身体のプロにずっとみてもらっているのは安心です。

彼女はいつも、若く健康な身体のためには、いい酸素を取り入れた「正しい呼吸」「正しい姿勢」、水分をしっかり摂って体内を循環させる「排出（排尿や排便）」「身体をゆるめる」という、四つのことが大事だと言っています。

自分の癖や体質を知って無理のない日常を

私の場合、昔から肺活量はかなりあるのですが、いつも一つのことをしながら次のことを考えているので、気を付けないと呼吸が早くなりがちです。

身体は、酸素が全身に送られることで体内の臓器や組織、細胞の活動を維持しているので、正しく吐いて正しく吸って、酸素をしっかり取り込むことが大事だそうです。

まず、背筋を伸ばして、鼻からゆっくりと息を吸い込む。そして口からゆっくりと息を吐き出す。吐き出すときは吸うときの倍くらいの時間をかけるイメージで、と言われます。

正しい姿勢に関しては、125ページで書いた「三つのR」を意識する必要があります。

排尿や排便ですが、便秘しがちな体質の私にとって、規則正しく排便があることはもっとも大事なこと。たまに旅先で時間や環境が変わると、うまくいかなくなります。

そうなると、お腹も身体も重くてどんよりするばかりか、脳も気持ちよく働かない気がします。いつも思うのですが、日本の通販番組では便通をスムースにするサプリメントの紹介が多いですね。シニアにとっては、それほど便通は大事なのです。

身体をゆるめるというのは、身体の柔軟性を上げて、ケガをしにくい身体をつくるために、そして自律神経のバランスを保つために必要なようです。

アキコさんの1時間半の施術では、この四つを整える動きを教えてもらっています。

また、四つに関連して、日本に帰国する前にいつも注意されることがあります。それは、「もう少し、自分を出し惜しむように」ということ。

帰国すると、いろいろな方に会うのがうれしくて、連日、昼も夜も会食を入れたり、展覧会や美術展なども楽しみます。お世話になっている方に挨拶にうかがったり、お墓参りや日本のお医者さまに行くこともあります。

そんな私をアキコさんは動きすぎだと心配してくれます。

大丈夫だと思っていても、身体は疲れている。心して身体を休める日も作ってくださいと。せかせか動いていると、呼吸は浅くなって身体に負担がかかるし、転んだり、つまずいたりの原因になるというのです。

予定を入れすぎずに、家の中でも外でもゆっくり移動すること。確かに毎朝のストレッチ一つにしても、深呼吸をしながらゆっくり行っていると、身体がのびのびと喜んでいるのが実感できます。

3日に一度は「三つのR」で姿勢チェック！

姿勢は大切だと思います。年齢は姿勢に出ると感じますし、洋服を美しく着るにも、美しい姿勢があればこそ、と考えています。身体が曲がっていると年齢よりも年をとって見えますし、本来あるべき姿勢になっていないと、頭痛や腰痛、ひざ痛などを引き起こす要因になると思います。

整体の先生、アキコさんから教えてもらった「三つのR」。

身体の「三つのR」を意識すれば、正しい姿勢が保たれるというものです。簡単でわかりやすいので、ご紹介します。

まず、壁に頭と両足のかかとを付けて立ちます。

このとき、両肩は付けても、首の後ろは壁に付かない。首の部分はへこんでいる状態。これが一つ目の「R」です。前のめりだと「R」ができません。ウエストの後ろ部分は壁に付かない状態。これが二つ目の「R」です。背中に余分な肉が付いていたり、腰が曲がっていると、こうなりません。最後の「R」は足の裏です。健康な足は足の指とかかとで床を踏みしめたときに、きちんとアーチができて、足の内側の側面にすき間ができます。外反母趾《がいはんぼし》の私には、これはなかなか難しいです。

とても簡単にできるチェック法なので、私は3日に一度、壁を背にして立っています。

あら、腰が曲がってきたわとか、背中に肉が付いたけど太ったのかしら、という小さな変化にドキッとします。また、気を抜くと、足のアーチが低くなっていたり、床にべったり付いてしまっているのがすぐにわかりますよ。

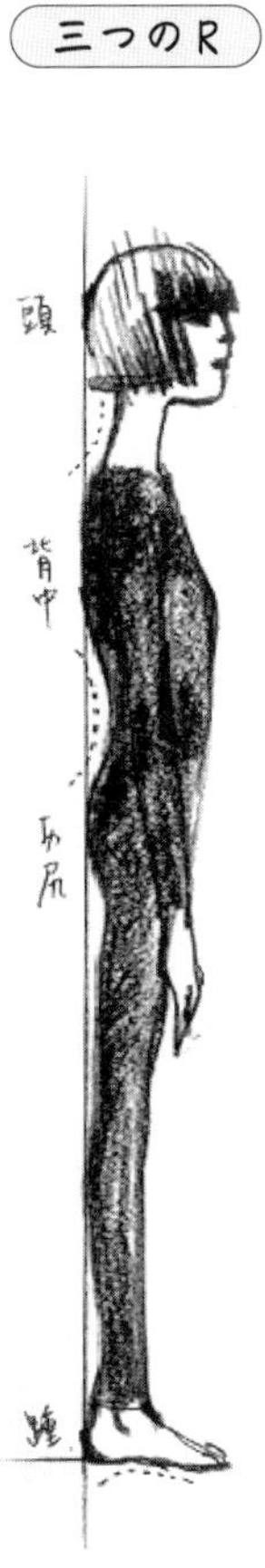

後頭部、背中、お尻、かかとが壁に付くように立ちます。頭が前に出ると、身体のすべてのバランスが崩れるのです。

1日1リットル、時には1リットル半の水を

整体の先生方からもかかりつけの内科の先生からも、とにかく水をたくさん飲むようにと言われます。

確かに105歳までどこも悪いところがなく、頭も身体もしゃきっとしていた祖母の志摩子は、毎朝必ずレモンを搾った水を飲んで、脱衣所で自己流の体操をしていました。最期は家で、夕食の後、ちょっと気分が悪いから早めに寝ようかね……と言って、そのますーっと父の腕の中で旅立ちました。

理想的なピンピンコロリです。

先生方から、飲むのはお茶やコーヒーではなく、ただの水がいいと言われます。でも水って、そうそう飲めるものではないですよね。なので、薬を飲

むときの水をたっぷりにしたり、私も夫もアルコールを飲まないので、夜の食事のときに水を飲んだりしています。

ほとんど常温で、真夏は少しだけ氷を入れています。あとは、いろいろなお茶で、1日にトータル1リットルくらいは飲むように心掛けています。

膀胱炎《ぼうこうえん》のような症状と便秘が重なって、とても調子が悪かったことがあります。かかりつけの内科医の先生に診ていただくと、彼女に、「ユミ、いつもは1リットルと言っているけれど、きょう1日は私の顔を思い浮かべて、水を1リットル半は飲んで頂戴!」と。

効果てきめんで、その日から翌日にかけて、滞っていたものがびっくりするほど排出されました。気が付けば、膀胱炎の症状もなくなっています。

毎日1リットル半飲むのはきついですが、こうして時どきはしっかり飲むことで、デトックスのような作用になるのかもしれないと思いました。

進化している薬やサプリメントの力も借りながら

薬やサプリメントは、自分が身体で納得したものを続けています。朝はビタミンC、スーパー・ルテイン、カルシウム、足の血流のための薬の4種類。夜はギンコ、コレステロールを抑える薬の2種類。夜はこのほか睡眠のための薬を飲んでいます。

そのほか、ガラスの容器に入ったビタミンDをひと月に1本と週に2回、太ももに貼る女性ホルモンのパッチがあります。

ホルモンパッチは50代からずっと貼っていて、更年期は意識することもなく乗り切り、いまも体調がいい理由の一つかもしれません。成分としては弱いもので、30年以上続けても問題ないと言われたものです。

スーパー・ルテインは整体の先生にすすめてもらったもので、青魚の成分とベリー類に含まれる成分が入っています。飲み始めてから、目の調子や髪の毛、爪の調子はいいような気がします。視力も見え方も変わりません。遠いところを見る用と近いところ用の二つの老眼鏡を使いますが、細かい針仕事や本を読むのも、まったく苦になりません。

栄養は毎日の食事から摂るのが一番だと思っています。でも、それでは補えないところもあるのを感じています。

サプリメントは飲みすぎたり、それだけに頼るのは危険だと思いますが、きちんとお医者さまの意見を聞いて納得できて、自分の身体をサポートしてくれる実感があるならば、私は試してみるのもよいと思います。

医療は進化しています。更年期などの辛い症状もただ我慢するのでなく、力を借りて元気に乗り切れるのならば、それも一考ではないでしょうか。

楽しい用事を作って、せっせせっせと歩く

週に2回の整体と朝15分ほどのストレッチ、整体の先生に教えていただく体操以外、特にこれといった運動はしていません。

愛犬を連れてせっせと山歩きをしたり、散歩をしたり、日課の映画館まで歩くクロードを見ると、「歩く」ことは身体にいいのだと感じています。家の中でこまめに動いているとはいえ、それは運動のうちには入りません。私もなるべく歩こうとは思うのですが、目的のない散歩は苦手です。だって、ちっとも楽しくないんですもの！

ですから、自分で楽しい用事を作って外に出るようにしています。年下の友人たちとのランチやショッピング、展覧会の鑑賞などです。

また食材の買い出しはクロードの係ですが、たまに一緒に行ったり、映画館も面白そうなものを上映しているときは、連れだって出掛けたりもします。

こうして、改めて考えてみると、整体も入れて週に2、3回は出掛けていますね……。混み合う休日は避けて、お出掛けはもっぱら平日です。

疲れたらタクシー。階段は手すりをつかむ

芸術家の街として知られるモンマルトルは、〝手仕事大好き！〟の私がポーチや袋物作りの材料となる生地屋さんを訪ねる場所です。街全体が光も色合いもアーティスティックで、ここは空気が違うと来るたびに思います。

この街には、田園調布雙葉《ふたば》学園の後輩で親しくしている年下のカメラマンさんが暮らしているので、生地を買いに行くときは、いつも彼女とのランチデートをセットにしています。

予定を合わせておいしいランチと楽しいおしゃべりを楽しんだあと、ひた

すら生地屋さんを歩いて回ります。生地屋さんだけ見るのも好きですが、若い方と日本語で交流する楽しみが加わると、さらに楽しく歩けるというもの。生地は重たいのでお供しますよ、と親切な彼女は言ってくださいますが、気兼ねなくじっくり見たいので、生地屋さんからは一人行動。行きはメトロと歩きですが、じっくり集中して生地を選んだら、帰りは重たい荷物もありますし、そこは無理せずタクシーに乗ります。

歩くときに気を付けるのは、階段では必ず手すりをつかむこと。昔は手すりなんてさわらずにすいすい歩いていました。歩くのはいまでも速いほうだと思いますが、転んだらただでは済まない年齢です。70代の目標は「とにかく転ばないように」でしたが、86歳のいまは、これを念仏のように唱えても、まだ足りません。どんなに急いでいても、少ない階段でも、手すりがあるところでは、必ずつかむ。それだけは守っています。

第4章

86歳「おしゃれ」に関する習慣

パンツスタイルには、小物を思いっ切り盛ります

世の中がどんどんカジュアル化していることを感じます。おしゃれの世界では、特にそんな気がしています。

48歳から10年間、『東京ブラウス』というメーカーで「カランドリエ」という自分のデザインブランドを持っていたのですが、じつはそこで私が目指していたのが「おしゃれカジュアル」でした。

日常にもちょっとしたお出掛けにも着ていくことができる洋服。カジュアルだけれど、洗練されていて、いまどきの言葉でいうなら、「こなれた感じのカジュアル」。そんな装いが昔からずっと好きです。

時代もですが、いまの私はもう、年齢的にもかしこまったパーティやイベ

ントに出席する機会はほとんどありません。ですから、よけいにカジュアルでおしゃれを楽しみたいと思っています。

30歳前にパリに着いて、立ち合ったデザインの現場で、モデルさんたちの8頭身ですらりと伸びた手足に衝撃を受けました。

そして、こういう体形があるからこそ、スカートやワンピースは映えるのだと思い知りました。そして、身長152センチ、体重44キログラムの私には、素敵に着こなすことはできないとすっぱり諦めました。

せめて、あと10センチ、いえ15センチ身長があれば、着る服も変わっていたのにと思ったものです。

以来、スカートやワンピースは1枚も持っていません。スーツも、です。

ボトムスはストレッチの効いた黒いパンツが基本で、あとはジーンズ。

ジーンズもストレッチの効いたスリムかストレートで、丈はくるぶしまでの長さ。色はインディゴブルーかそれよりも少し薄いブルー。あとは黒と白を2本ずつ。やはりストレッチ素材のスリムです。

トップスは春夏ならコットンや麻、シルクのTシャツかシャツ、秋冬はウールやアクリル混紡のセーターを着ます。ちなみに、私は半袖やノースリーブが苦手で、真夏でも長袖か七分袖のものを着ています。たぶんに感覚的なことなのですが、私、半袖から腕がのぞくのが好きではなくて。

二の腕がたるんできたのに加えて、典型的な日本人体形なので手足が短くて、それが中途半端に出るのが美しくない気がして苦手なのです。日本の最近の夏の猛暑では、長袖はとても耐えられないと思うのですが、パリの気候なら、十分過ごせるのが有り難い！

トップスの色も好みがはっきりしていて、黒、白、ベージュ、カーキ、グレー、ブルー系、グリーンの7色くらい、いずれも好きで、ボトムスの黒やジーンズの色と相性がいい色です。

出掛けるときは、シンプルなジャケットかブルゾンを合わせます。襟なしか小さな襟で、ヒップが隠れる丈のシンプルなものが重宝しています。

寒い季節なら、膝より少し長い丈のコートを羽織ります。前を開けて着ても、ベルトをしてもいい、襟元もグルグル巻き物をしても邪魔にならないように、コートも襟なしか小さな襟が私の好きな形です。

アクセサリーと巻き物をフル活用する！

おしゃれについては、60代の後半からあまり変わっていません。

ただ、小物の大切さについては、より実感しています。

まず、80歳をすぎて年々歳々、さらに顔も首元も色はくすんで、シミやしわが増えてきました。自然の法則ですから、それは仕方ありません。だから、隠して華やかさを足します。私の場合は、カジュアルなスタイルに自作のアクセサリーや小物を付けるのが定番です。

パールやメタリックのパーツで作ったピアスに、ネックレスかラリエット、ブレスレットを付けます。グルグル、じゃらじゃら、盛りだくさんです。気になる首元には、スカーフやストールをふんわり巻きます。

若いときは、クリスマスツリーのようにあれこれたくさん付けたり下げたりしなくても、肌も髪の毛もツヤやハリがあって美しい。その存在自体、かわいいのが若さだと思います。

大谷選手の奥さま、真美子夫人のシンプルなパンツスタイルは、ハッとするほど美しいと思います。

でも、シニアはうーんと盛っていいと思うのです。減ってきた華やぎや、きらめきは、足して補うというわけです。特に私の場合など、トップスもボトムスも色が渋めなので、よけいに小物の力は大切だと感じています。

ただ、服の色とトーンを揃えた巻き物や、付ける手作りアクセサリーのテイストを揃えるようにしています。

こうすると、カジュアルすぎず、スポーティすぎない、おしゃれカジュアルになるようです。

パンツは動きやすくて、身体もラクです。周囲を見ても、高齢者になるほど、パンツにソックスというスタイルが多いように感じます。

私もパンツ派ですが、パンツスタイルは一つ間違うと、山登りや草取りに行く格好に見えてしまいます。カジュアルすぎてしまうのですね。ですから、日常やお出掛けのパンツスタイルなら、手持ちの小物で華やかさを添えてみるのはいかがでしょうか。

デザイナーのソニア・リキエルの「ユミ、欠点は徹底的に隠す。長所は徹底的に見せる。それがおしゃれの秘訣よ」という教えは忘れられません。

あると便利な
ロゴ入りトップスのおしゃれ

ここ数年、ロゴが入ったTシャツやニットが流行っているようですが、私もいくつか持っていて重宝しています。
よく着ている2枚をご紹介しますね。

白地にビーズで大きなロゴがあしらわれた1枚は、10年近く前に訪れた、イタリアのコルティナ・ダンペッツォという街のブティックで購入したもの。街を散策していたところ、ブティックのウインドウに飾られている素敵なTシャツを発見しました。あら、素敵！と見ていると、店員さんが気付いて、中に入って試着してみるようにすすめてくれました。

でも、床を見るとふかふかのカーペットが敷かれています。

まだチビちゃんだった先代の愛犬を連れていたので、もし粗相をして、迷惑をかけてもと躊躇《ちゅうちょ》しました。結局、店内には入らず、たたんであったものをきちんと確かめずに包んでもらうことに……。

ホテルに帰って、早速、鏡の前で試着をしてみました。鏡はロゴの文字が逆文字になるので、英語？ イタリア語？ 何と書いているのか、よくわかりません。

そこでベッドに広げてみると、そこには、「HOT SEX BIG FAN」！

驚きました。いまだに夫のクロードには見せていません。

得意の針仕事でビーズの位置をずらそうかと考えましたが、縫い付けたビーズの下には、ご丁寧にも文字がプリントしてあって、それは消せません。

また、ビーズは筒状や爪が下に付いたものなど3種類くらいを使い、色も黒・白・グレーのグラデーションになっていて、デザイン自体は見れば見るほど凝っています。

素材がよくて着心地も抜群。着丈もお尻が隠れるくらいで、動いても身体の線が気になりません。身ごろが身体にフィットするので、だぶついた感じもありません。

ロゴトップスをおしゃれに着こなす秘訣

結果的にこれがとても使えるTシャツで、手持ちの黒の細身のパンツと着丈が長めのジャケットを合わせると、ロゴは映えますが、文字はところどころ隠れて、何と書いてあるか他人にはワカラナイ!

お呼ばれの席や会食で着ています。トークイベントに招かれた際もこれで臨みました。値段は当時でも、日本円で2万円くらいして、Tシャツとしてはお高いと思いましたが、十分元は取りました。

甥のお嫁さんのフミエさんは、長身で美しいヨガの先生。Tシャツが大ウケ！

もう1枚は『ヴィクトリアズ・シークレット』のロゴトップス。素材はアクリルで、七分丈の袖口や広がった長めの裾が、リブ編みになったデザイン。グレーの地に、ロゴは黒のサテンでアップリケになっています。

締めつけがなくて着やすく、細部のこだわりが気に入っています。

年齢がTシャツに追いつきました！ 首元には自作のミニスカーフを。

余談になりますが、昔の『ヴィクトリアズ・シークレット』は、こんなふうにどこか、はじけたかわいさがある商品も多くて、大好きでした。

フロリダを旅した際に購入して、60代から着ています。20年以上着ていますが、当時のお値段で20ドルくらいでしたから、3000円しないくらい？

こちらは家着として、近所への買い物や映画に出掛けるときなどに愛用中。

いま86歳なので、ついに年齢が追いつきました！〝ビンゴ・トップス〟として、今年はさらに楽しく着ています。

ロゴトップスは若々しく見えて、楽しい気持ちになれます。ですから、若い方だけなんてもったいない！ ただ、基本的にとてもカジュアルでスポーティなアイテムなので、シニアが選ぶ際はいくつか注意点があるように感じます。たとえば、

①色はシックなものに。

②ロゴがプリントではなく、ビーズや別布になっていたりと、何らかのデザイン性があるとおしゃれ。

③袖丈や着丈の長さ、裾の始末など、細部に何らかのこだわりがあれば、さらにグッド！

こんなことに気を付けて探してみると、使える1着が見つかると思います。

もっとも身近な冒険は衝動買いをすること

最近、本当にモノを欲しいと思わなくなりました。

洋服も、いま持っているもので満足しています。でもたまに衝動買いや〝これは出合いだ〟と感じると、新しいものも購入しています。

新しい洋服には、新しいもののみが持つパワーがあります。一つ加わると組み合わせが広がりますし、自分に「喝《かつ》!」を入れてくれる気がします。

昨年は日本に帰国したときに、滞在していたアパルトマンホテルの近くで1本のパンツを衝動買いしました。商店街を散歩していて、昔からの知り合いのデザイナーさんのブティックを発見。

変わらないたたずまいが懐かしくて、ふらりと素敵なパンツを1本買ってしまいました。

先日は、パリの『アン フォンテーヌ』のお店で白いシャツブラウスに惹かれました。上質のコットンやオーガンジーを使った、モノトーンのシャツやブラウスが特徴のお店です。

購入したものは、シンプルですが、胸元が違う素材でジャバラになっていてエレガントです。

その昔、ファッションの展示会場を取材する機会がありました。当時、20代始めだったマダム・フォンテーヌは、まだ駆け出しで、小さなブースで白いブラウスばかり10枚ほどを扱っていました。

マダムの初々しくて、とてもかわいらしかったこと、ブラウスはどれも素材がよくて、デザインに小さなこだわりがあったことが忘れられません。

『アン・フォンテーヌ』のブラウスは、そのよさをずっと守り続けているように思います。

お店で店員さんにうかがったところ、マダム・フォンテーヌはお変わりなくお元気とのこと。うれしく懐かしくなりました。

また、『リーバイス』のブルージーンズも久しぶりに購入する機会がありました。オーソドックスな形と色がやっぱりいい！　履いてみると、身体に馴染んで気持ちがいいのです。

改めて長く愛されているブランドの凄さを感じました。

衝動買いは値段ではなく、ときめきが肝心

『モノプリ』というパリのスーパーマーケットで、本物にしか見えない合皮のパンツやマルシェ（市場）で1000円台のパンツを衝動買いしたこともあります。『デカトロン』というスポーツ用品店で買ったパンツも愛用中。

安かろう、悪かろうでは？ と思いますでしょ？ いえいえ、そんなことはございません。長～く愛用していますよ。

こればかりは出合いなので、「ときめき」を感じる服があったら、試してみるのもおすすめです。

衝動買いで人生一度の失敗は、裏がファーのコート。私の買い物には口出しをしないクローゼットが、クレジットの明細書を見て驚愕。私もその重い着心地の悪さに、見るたびに自分に腹が立ち、ほとんど袖を通さないまま、結局、知人に差し上げてしまいました！

衝動買いにはさまざまな〝学び〟があるのです。

シニアの必須アイテムは「ダンガリー」と「ボーダー」

ダンガリーシャツとボーダーは、シニアを若々しく軽快に見せてくれる大事なアイテムだと思います。

ダンガリーシャツは『エンポリオアルマーニ』や『ダナキャラン』などを着ています。洗うほどに味が出るのもうれしく、かれこれ、もう20年以上愛用しています。

シャツとして着たり、Tシャツの上に羽織ったりしています。羽織るときは前を開けたり、ベルトでウエストをキュッと締めるなどアクセントもつけます。

ダンガリーの上にファーのベストを重ねてもかわいらしい。

シニアにはシニアのおしゃれがある！

長く着ているポイントは、色、サイズ感、襟だと思います。

薄すぎず、濃すぎない、一番オーソドックスなブルーで、着丈は腰下くらいのもの。サイズは袖も身ごろも身体に合っていて、パンツに入れても出してももたつかず、きれいに見えるもの。

全体的にコンパクトにまとまっているものがよいと思います。

最近はダボっとしたサイズ感のものが流行りのようですが、それは身体のラインが美しい若い人だからこそ着こなせるもの。顔も身体もあちこちが下がってきているシニアには難しいと思います。シニアはジャストサイズで。

そして、大事なのは襟です。ほかの洋服にもいえると思うのですが、襟は時代を反映するもの。大きい襟は、なんだか昔の時代のものに見えます。小さめの襟を選ぶことが長く着る秘訣なのです。

ボーダーは『ラルフローレン』のものなどはずっと愛用していますが、色やボーダーの幅、素材の違いでだいぶ変わるので、いくつか買い足しています。

以前は、大人は、ボーダーの縞は細めにかぎると思っていました。縞は太くなるほどカジュアルになりますし、小柄な私にはバランスが悪いと思っていたので。

ただ、太めの縞でも、色や素材で素敵なものがあることを最近知りました。23ページや24ページの写真で着ているものです。

さて、この二つのアイテムもそのまま着ると、シニアにはスポーティすぎたり、カジュアルすぎたりしてしまうように感じます。そこで、139ページで書いたふんわり小物と、じゃらじゃらアクセサリーの登場ですね〜。

これで、活動的で若々しいイメージと大人のマダムの柔らかさや落ち着いた品のよさが、うまく調和するように思います。

靴とバッグは
安全とおしゃれにこだわって選ぶ

年齢を重ね、足に合っていない靴ほど、疲れるものはないことを知りました。50代後半から60代に入ると、何もないところでつまずくことがあるということも知りました。

70代になると、転倒して手足を骨折することがいかに怖いかを知りました。

この身をもって知った三つのことです。

友人たちを見ていてもそうですが、私も家で高いところにあるものを取ろうとして、「えっ!?」と思った瞬間には、椅子から転げ落ちて手首を骨折しました。

いったん骨折すると長引きます。これが入院となると、夫や息子夫婦に、さらに迷惑をかけそうです。

ジムに通ったり走ったりという特別な運動はしていませんが、歩けるところは速足で季節の風の中を歩きます。ですから、自分の足に合った歩きやすい靴を、妥協せずに探すことは大切だと感じます。

ただ、私、運動靴、健康シューズというものが苦手で、もっぱら革靴派。ヒールが3センチ前後〜5センチくらいの、足の甲をピタッと覆うショートブーツを愛用しています。

イタリアの靴やフランスの『arche(アルシュ)』というブランドのものは履きやすくて、私の足に合うので長年履いています。ただ、最近私のサイズ、22・5センチの靴がパリの街ではほとんど見かけなくなりました。

困ったと思っていたところ、日本に帰国した折に、日本のおしゃれな知人がよい靴を教えてくれました。『銀座かねまつ』の革のスニーカーです。足に馴染みますし、全体的に高くなった靴底は厚くしっかりとしていて疲れません。素材も革なので運動靴が苦手な私にも、これならうまく履きこなせそうです。

友人は昔から『銀座かねまつ』の靴しか履かないと言っていましたが、納得でした。

選びたいのは、軽くて自由に動ける靴とバッグ

ところで、靴に入れるインソールをご存じですか？ 100円ショップなどでも売っていて、これを靴の中に入れると脚長効果は抜群。背が低いことがコンプレックスの私の長年の必需品で、これまですべての靴に入れていました。

けれども、85歳を過ぎてからなんとなく不安を感じるように。これを入れ

ることで、かかとの部分は高くなるのですが、その分、足が靴に入っている部分は減るためです。以来、ロングブーツ以外の靴には入れないようになりました。

不安は「気を付けよ」のサイン。不要になったインソールは、即座に全部処分しました。

バッグについても、アクセサリー同様、持つ機会が少なくなった65歳のリタイア後から、70代で整理をしました。

若い人に差し上げたり、赤十字社に寄付したりと、持つ機会が減ったブランドのものや大きな重たいバッグなどは、ほとんど手放しました。

いま日常の外出にも、会食などのちょっと改まった席にも、持つのは軽い布製のバッグがほとんどです。色は洋服とのコーディネートを考えた黒。スリが多いパリの街なので、斜め掛けできるものを自分で作りました。内側には、小物を整理するポケットが付いていて便利です。

ベルベットの地に、ビーズやタッセル、友人がリメイク用に使ってね、とくださった、不要になったおしゃれなコートの飾りを付けて、とても華やかに仕上がりました。

歩きやすい靴と、両手が自由になるこのバッグで、スリも転倒も気にせず、歩くことに集中できます。

身体も暮らしも年齢とともに変化していきます。

昔のスタイルに執着するのでなく、そのとき一番快適なもので素敵なものを探すのも、幸せな年の重ね方ではないでしょうか。

ハンガーに掛けられなくなったら、それが処分の合図！

おしゃれは大好きです。特別出掛ける予定がない日でも、できるだけ毎日違うものに着替えて、自作のブレスレットやネックレス、ミニスカーフなどの小物をあしらいます。

引き戸タイプの自室のクローゼットは1間ちょっとの大きさ。身長152センチの私が両手を広げたより少し大きいくらいです。

フランスは、夏でもコートやブーツが必要な10℃以下の日もあれば、外に出たくなくなる35℃以上の日もたまにあって、気温差が激しいので、私は衣替えをしません。ですから、この1間ちょっとのスペースに、1年分の衣類と小物がすべて入っています。

折りたたみの傘もここですし、クローゼットの下には靴も並んでいます。

持ち物がひと目でわかる収納がおすすめ

衣替えをしないのはラクですよ。重たい衣装ケースを出し入れする手間がなく、クリーニングや手入れが必要な場合も、すぐに確認できます。なにより、自分が何を持っているのか、ひと目でわかりますから。

肩幅に合ったハンガーを選んで、ほとんどのものは掛ける収納です。このハンガーの数がポイントで、いまある以上には決して増やしません。

また、ハンガーとハンガーの間には、すき間をゆったりと余裕をもたせます。服がシワになりませんし、見やすくて取り出しやすくなります。

家の中の物に関しては、「一つ増やしたら、一つ処分する」を心掛けていますが、洋服は新しいものを購入して、ハンガーに掛けられなくなったら処分の合図です。

まず、トップスは義妹のところの三人の姪に譲ります。ボトムスは、私のサイズは、ほとんどの方にはアンクル（足首）どころか、ふくらはぎも見える長さの、パンタクールになるので（笑）、差し上げるのは難しくて。でも、お子さんならぴったりなので、赤十字社のバザーに持っていきます。

この年齢になると、サイズがあまり変わらないのと、もともと流行に左右されないデザインが好きで、好きな色も変わらないので、急に着られなくなったという洋服はありません。傷むということも、少なくなりました。でも、よく見れば最近あまり着ていない、着ていて何かしっくりこないという服はあります。それは、どんどん差し上げるようにしています。

いま、クローゼットをのぞくと、2枚掛けをしているハンガーが数本ありました。週末一緒に食事をする予定の姪のところに、早速持って行くことにしましょう。

夜のお手入れは少しだけ贅沢なクリームを使って

コロナ禍以降、メイクはしなくなりました。それまでは、絵を描くことと共通する部分があって、15分くらいかけて楽しくメイクをしていたのですが、やめてしまいました。

ただ、外に出るときやお客さまがいらっしゃる日、オンラインで打ち合わせがある日は、変わらずしています。週のうち半分くらいでしょうか。

メイクをするときはファンデーションから、目元はアイライン、アイシャドウやマスカラ、口元はリップペンシルと口紅まで、しっかり15分かけます(やるときはしっかり!)。

いろいろ使ってみて、私なりに選りすぐった化粧品です。

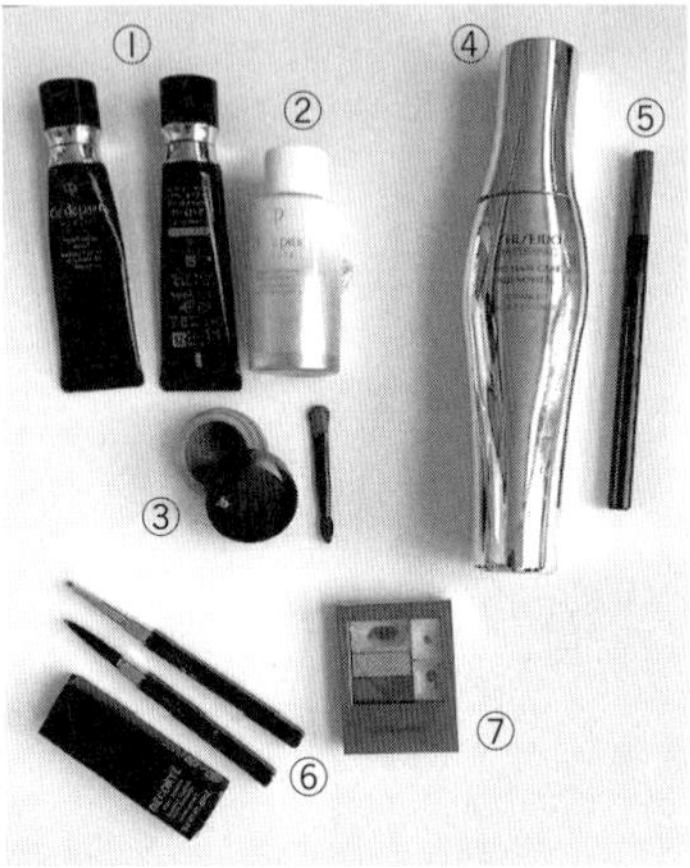

年に一度、日本に帰国すると、化粧品もいろいろ買って帰ります。

たとえば、

①『クレ・ド・ポー ボーテ』のファンデーション2色。

私の肌色にぴったり合うものがなくて、2色を混ぜて使います（色にはうるさいのです）。いまのところ、カバー力やのびのよさも、これに勝るものはないと思っています。

②『クレ・ド・ポー ボーテ』の「セラムコンサントレエクレルシサン」。

写真はレフィルです。これは毎朝、洗顔後に使っています。肌にハリとツヤが出て、透明感が出る気がします（お高いけれど、手放せない！）。

③『クレ・ド・ポー ボーテ』のアイシャドウ。

④『SHISEIDO』の育毛&発毛剤「ザ・ヘアケア アデノバイタル」。
以前、美容院ですすめられたもの。クロードは頭のてっぺんが薄くなっていましたが、これをつけ始めてから毛量が増えました。彼には合ったようです。私はまだそんなに毛の量は減っていないので、たまに使います。
⑤『INTEGRETE』のアイブロウ。
⑥『KOSÉ』のペンシルアイライナー。眉にも使います。
⑦『INTEGRETE』のアイシャドウ。ハイライトにも使います。

自己満足でも、自分を大切にすることに投資を

夜使う化粧品については、70代後半から少し贅沢をしています。
お化粧をしている日は、
①『ランコム』のクレンジング「ビファシル」をコットンに含ませ、優しく丁寧にふきとります。その後、洗顔をします。

②化粧水はつけず、『エスティ ローダー』の美容液「アドバンス ナイト リペア」をつけます。

③&④『シスレー』ナイトクリームと『シスレー』の目元・口まわり用クリーム「シスレイヤ クレーム コントゥール デ ユー」をつけます。

両方とも、金額はお高いのですが、目元・口元がかなり気になるお年頃なので、リピートして使っています。6か月は持つのがせめてもの救い……(笑)。

夜の贅沢化粧品。化粧水はフランスでは使わない人がほとんど。

いろいろ試してみて、納得していまの定番に落ち着いてから長くなります。70代の後半からは、肌の衰えは自分の努力だけではどうにもなりません。

そこで、進化しているお化粧品の力を借りるのもいいかなと考えるわけです。薬やサプリメント同様、お化粧品の進化も目を見張るものがあります。信じる者は救われる……なのかもしれませんけれどね。お化粧品自体の効果もですが、それを使っている時間は、自分を大事にしている時間です。

三つ星のレストランもブランド品も、もうご縁がなくなる年齢なので、それなら、毎日使うもので、自分が心地よくいられるものに少し贅沢をするのもいいかなと考えています。

一種の自己満足!?　とも思いますが……。

パリの86歳。
いまの私がよく着ているブランド

デザイナーの入江《いりえ》くん（入江末男《いりえすえお》さん）は、優しくて気配りの人。私にとって生涯の友である賢《けん》ちゃん（高田賢三《たかだけんぞう》さん）のアシスタントを彼がしていたころから、ずっと親しくさせていただいています。

一緒にごはんを食べたり、おしゃべりに花を咲かせたりしていて、最近、欲しいものがなくなったと言いながら、入江くんのお店『IRIE（イリエ）』だけはのぞきます。行くと買ってしまうのは、ここには必ず何かあるから。『IRIE』は女優のカトリーヌ・ドヌーブなどにも愛されているブランドで、カジュアルラインの『IRIE WASH（イリエ・ウォッシュ）』は作家の辻仁成《つじひとなり》さんもお好きでよく着ていらっしゃると、記事で読んだことがあります。

外出にも旅にも日常でも活躍する服！

いま私が購入するのも、この『IRIÉ WASH（イリエ・ウォッシュ）』です。ストレッチが効いていて、とにかく着心地がよい上に、自宅でとても簡単に洗えますし、丸めて旅の荷物に入れてもシワになりません。

また、裾が切りっぱなしの仕上げや違う素材の布地をはぎ合わせて立体感を出すなどの工夫も、気が利いています。

身体のラインを美しく見せてくれるカッティングもうれしい特徴です。大胆なところも繊細なところもあるデザインは、入江くんのお人柄そのもの！

私はパリで購入しますが、日本だと輸送費や為替の関係で、どうしても割高になってしまうのが残念です。でも改まった席はもちろん、家でちょっときれいにしていたいときに着るのにもぴったりで、おすすめです。

『ZARA』の服も変わらず好きです。手ごろな価格で品揃えが豊富なので、フランスでも日本でもお店を見つけると入っています。

『ZARA』には、いろいろなラインがありますが、まだあれこれいろいろな服が欲しい50代くらいまでなら、流行のラインを探すのがよいと思います。けれども60代後半からは、ちょっとだけお高めで、材質がよくオーソドックスなラインがあるので、そのほうが長く着られてよいでしょう。

私はこのラインで、シャツやブラウス、ジャケットやブルゾンなど、さまざまなものを買ってきましたが、いまだに全部着ていて重宝しています。

『ユニクロ』のショーツやソックス、タイツなど、下着類もずっと愛用しています。ヒートテック素材の下着は、夫婦揃ってリピートにつぐリピート。凍えるようなフランスの冬の必需品で、ヒートテックの2枚重ねもします。

ファッションの街といわれるパリでも大人気な『ユニクロ』は、シビアなパリジェンヌも、デザインや品質、価格を認めているということでしょう。

特に年齢が出るのが髪の毛と爪。ケアには工夫を

50代以降の多くの女性が共通して感じること。それは、髪の毛の量が減って、ハリ、ツヤ、コシがなくなるということではないでしょうか。

そう、髪の悩みは男性限定ではないのです。

その昔、長身の息子に上から見られ「ママ、頭の白いお皿が大きくなっているよ」と言われて、ショックでした。バタバタしていて、カラーリングに行っていない間に、頭頂部の白い部分が広がっていたのです。

クロードと郵便局で列に並んでいたときにも、こんなことがありました。列の何人か前の女性が、着こなしはとてもおしゃれな感じなのに、後頭部

の髪の毛がつむじで左右に割れて薄くなっていました。
「おしゃれなマダムなのに、残念ね……」とクロードに言ったところ、「ユミだって、いつもあんなふうになっている」と言われました（涙）。早く言って欲しかった……。

女の人は髪が疲れていると、急に老け込んだり、疲れ切った人のように見えたりします。どんなに素敵な洋服を着ておしゃれをしていても、一番上の頭が決まっていないと、全体の印象が台無しになると思います。

80歳で出会ったお気に入りの日本人男性の美容師さんのところには、月に1回通っていますが、間に二度ほど自分で根元を染めて、少しカットもします。地毛はもう真っ白でしょうが、白い毛が少し目立ち始めたら、家で自分で染めています。

強力な助っ人の力も借りています。

まず、『ロレアル』のスプレータイプのヘアカラー「マジック ル・タッシュ」。白髪が出てきたところに、応急処置でシューっとかけます。

以前はコームタイプの部分染めを使っていたのですが、スプレー式のほうが断然使いやすくて、『モノプリ』などのスーパーマーケットで買えるのも便利です。

もう一つは、『プロピア』という会社の部分ウィッグ「プチポンパ」。

はとこの娘の麻子ちゃんのプレゼントです。

親族での食事会のときに、すすっとそばに寄ってきた麻子ちゃんが、「弓おばちゃま。その髪の後ろのところ、ちょっと割れ目が気になるわ。いいものをプレゼントするから、待っててね」と、ささやきました。

人毛で作られていて扱いやすい。保管は大きめのカーラーに巻いて、形をキープ!

選んでくれた色は私のカラーリングの色にぴったりで、付いているピンでカチッと留めるだけなので手軽です。そして付けていることがまったくわかりません。

小さいので旅の荷物にもなりませんし、手入れも必要ありません。とても重宝しています。

オーダーメイドの髪全体用のウィッグはお手入れの手間がかかりますし、お値段もします。作るのには決心がいりますが、髪の量は多いので、いまのところ、そこまではしなくてもよさそうです。

自分の頭のてっぺんはなかなか見る機会がないので、気が付きません。同性の親族ならではの指摘と素敵なプレゼントは、とても有り難いものでした。

毎日使う手と足。できるケアで心地よく

身体の末端には気を配っていたいと長年思ってきました。それで両手の爪

には、ずっと肌に近い色で悪目立ちしない、ピンクベージュのマニキュアを塗っていました。

けれども、4年前、左手首を骨折してから、マニキュアを上手に塗れなくなったのです。いまはきれいに切り揃えて、やすりをかけておしまいです。

足のほうは、かかとや足の指と指の間などは、毎晩のお風呂で念入りにこすっています。角質をためないようにして、特に、指の間はよく洗って開きもよくなるように。

時どき、オイルやクリームで保湿もします。

102歳まで生きた父は、90歳すぎまで好きなゴルフを楽しみ、元気で楽しい人でした。この父ですが、同居していた兄嫁が、いつも新しいソックスを穿いていただくよう気を付けているのに、靴下にすぐ穴があいてしまうと嘆いていました。

あるとき、父の足をふと見ると、足の皮膚が乾燥してがさがさになってい
て、これが靴下の穴の原因でした。
病院から旅立った母の足も同様で、80歳近くのとき、爪切りでは切れない
ほど足の爪が硬くなっていて悲しくなりました。
年齢がいくほど、足の手入れは必要だと痛感した、鮮明な記憶です。
手足の指がしっかり開いて動かせるのは、脳のためにもよいようですし
ね！　できるかぎり続けたいと思っている手足のケアです。

第5章

86歳「お金」に関する習慣

遺すものは考えず、自分たちの〝いま〟を大切に

不動産や動産、築いてきたものを、少しでも多く子どもたちに遺したいという話をよく耳にします。

けれども、夫のクロードと私にはその考えはありません。

住んでいるアパルトマンは2戸とも私たちが購入しましたが、フランス政府の法令で、贈与税が一番安くて済むときに、息子に渡るように手配を終えました。それ以外は、自分たちの老後の暮らしのために使うつもりです。

息子たちの邪魔にならず、施設に入る必要がでてきたときやプロの方のサポートを借りなくてはならないとき、また、病気をして入院や大きな手術が必要になったときも、二人が持っているもので、その費用をきちんとまかな

えるようにです。

息子のジャン・ポールは、半分日本人の血が入っているので繊細で優しいところもありますが、フランス人のDNAもしっかり入っているので、ケチです（笑）。

旅行が好きで、夫婦でよくいろいろなところを旅しているようです。この間はロサンゼルスに行ったと聞きました。

「大谷クンの試合、見てきた〜？」という私に、あっさり、

「見ないよ。チケット高いし、別にそれほど見たいとは思わないから」ですって。お嫁さんの杏奈《あんな》さんは大変じゃないかと気になります。

でも、大きな自動車メーカーに勤め、ロジスティクス関連の部署で、海外を飛び回っている息子で、自身の人生設計を見据えた経済感覚もきちんと（!?）あるようです。

自分たちでいま住む家の近くに2戸のマンションの部屋を購入し、3戸目も検討中のようです。ですから、私たちに何かを遺してもらおうなど、まるで考えていないようです。

その話を私の日本の友人たちにしたところ、「ジャン・ポールはケチなんじゃなくて、しっかりしているのよ」と言われました。

日本人の私は、フランス人がまるで天気の話をするかのように、日常会話でお金の話をすることに、いまだに馴染めません。

けれども、この国では子どものころから親子でも友人同士でも、お金の話をしていて、経済の教育もなされています。経済的な自立は生活の自立でもあります。そう考えると、フランスの経済教育も大事なのかもしれません。

金庫に入れた息子夫婦に遺すものとは……

遺すものとしては、私たち老夫婦が暮らす自宅の金庫の中に、クロードと私の二人の遺書が入っています。現金は入っていませんよ～(笑)。

書いたのは葬儀のことで、火葬にして欲しい、お墓には入れなくていいということです。フランスでは土葬が一般的なので、火葬を希望する場合は書類の届け出が必要なのです。しっかりと自分の意思を伝えられるうちにこれだけはしておこうと、クロードと相談した結果です。

ややナーバスな話になりますが、胃ろうや鼻チューブ、人工呼吸器、心臓マッサージなど、命を存続させるための方法にはいろいろあります。

私自身が九死に一生を得た経験もあり、医者の家に育ったため、自分にもしものことがあったときには、どうして欲しいかを伝えておくことは大事だと思ってきました。これも伝えたり、手配をしてあります。

経済的にも精神的にも、家族に負担をかけてはいけない。自分の始末は自分でつける、それが家族へのエチケットであり責任だと感じています。

父の教え「人さまの能力を無償で使ってはいけない」

お金は生きていく上で大事なものです。決してそれがすべてではありませんが、お金があれば選択肢が広がることや回避できる不便もあるでしょう。自分のためにも、そして自分にとって大事な大好きな人たちのためにも、こんなことをしてあげたい、一緒に楽しい時間を過ごしたいと思ったら、ある程度のお金は必要ですから。

いつもにこにこ穏やかだった父には、自由にのびのびと育ててもらいました。子どもの私から見ても、すこぶるお人好しだった父は、友人たちから「神様」とあだ名をつけられるほど、本当に優しくていい人でした。

父は医者で男爵だった祖父と、作家の有島武郎《ありしまたけお》の妹だった祖母に育てられたせいか、芸術を愛し、美しいものを愛する人でした。

そのためか、医者になるため中学生のときから英国に留学していながら、寮の同室の方が見せてくれた建築雑誌の美しさに魅せられて、建築家の道に方向転換をしました。

どこか浮世離れした人で、戦後の混乱でわが家が没落したあとも、ひょうひょうとして、相変わらず人のために尽くす人でした。家族にとっては、ちょっと迷惑で大変な部分もありましたが……(笑)。


そんな父が言っていたことで、忘れられないことがあります。

それは、「プロの能力や技術をただで使うのはよくない」ということです。

たとえば休日にゴルフに行ったとして、そのメンバーに医者がいたら、「最近、ちょっと調子が悪くて、これこれこういう具合なんだけれど、薬は何を飲めばいい？」ということです。

デザイナーの友人に、「簡単でいいの。年賀状のデザインを〝ちょこちょこ〟っとしてくれないかしら」と頼むような場合もそうです。

頼む側としては、友達だし、簡単なことだから、それくらい聞いたり頼んだりしてもいいだろうという、気軽な気持ちからでしょう。

けれども、プロはそれで生活をしているわけです。そして〝ちょこちょこ〟などといういい加減なことはできません。きちんと向き合うことになります。

ですから、無償というのはよくない、相手に対して失礼だと言いたかったのでしょう。

もしかすると、建築家だった父自身も何か嫌な思いをしたことがあったのかもしれません。

退職後だったり、相手が自分から手伝いを申し出たりした場合は、もちろん別ですが、私も父の言わんとする意味はよくわかります。

相手を尊重するからこそ、お礼はお包みで

私自身は、どんなに親しくても、その方の時間や力を借りた場合は、お礼としてお金を包むようにしています。

以前はよく、日本から友人が数人連れだって、パリに遊びに来ていました。全員シニアなので、その際は、共通の知人である旅行会社をしている若い方が、自らガイドを買って出てサポートしてくれました。

彼にはそのつもりはまったくなかったようですが、私はまとまったお礼をお渡ししていました。

東京で私が個展を開催した際は、受付をしてくれたり、飾り付けを手伝ってくれたり、作品の仕上げを手伝ってくれたりと、たくさんの方の時間と知恵と労力をお借りしました。

古くからの友人や仕事の関係の方、学校の後輩たちです。みなさん、楽し

かったと言ってくださいましたが、私は最終日に食事会を開催して、お包みを渡しました。

厚意でしてくれたことにお金を渡すのは失礼ではないか？　と感じる方もいらっしゃるでしょう。私は逆だと思います。相手を尊重するからこそです。モノだと、それぞれの好みがあります。家族の人数や生活環境で食べ物や飲み物などの消え物でも、かえってご迷惑になることもあるでしょう。

ですから、ある程度まとまった金額なら現金のほうがよいと私は考えています。現金が邪魔になる方はまずいないでしょう。私なら、その方の好きなことや好きなものに使って、楽しい時間を過ごしていただきたいと思います。

私のために大切な時間や能力を提供してくださった方に、心からの感謝の思いを込めて、時にお手紙を添えたりして包んでいます。

割り勘が一般的なフランス。私たち夫婦のお金の使い方

お金の管理をするのが本当に苦手です。というか、まるでできません。フランス人の夫は上手なので、すべてお任せです。

フランスは夫婦でも完全に「割り勘」が当たり前の文化。付き合っている恋人時代からそうですから、夫婦になったら、生活費はもちろん折半です。

わが家は、税金や光熱費など家に関するものはクロードが支払い、食品は買い物に行ったほうが支払います。

いまはクロードが買い物に行くことが多いのですが、私も一緒に行くときは、ちょっといいものなどを買って、私が支払います。

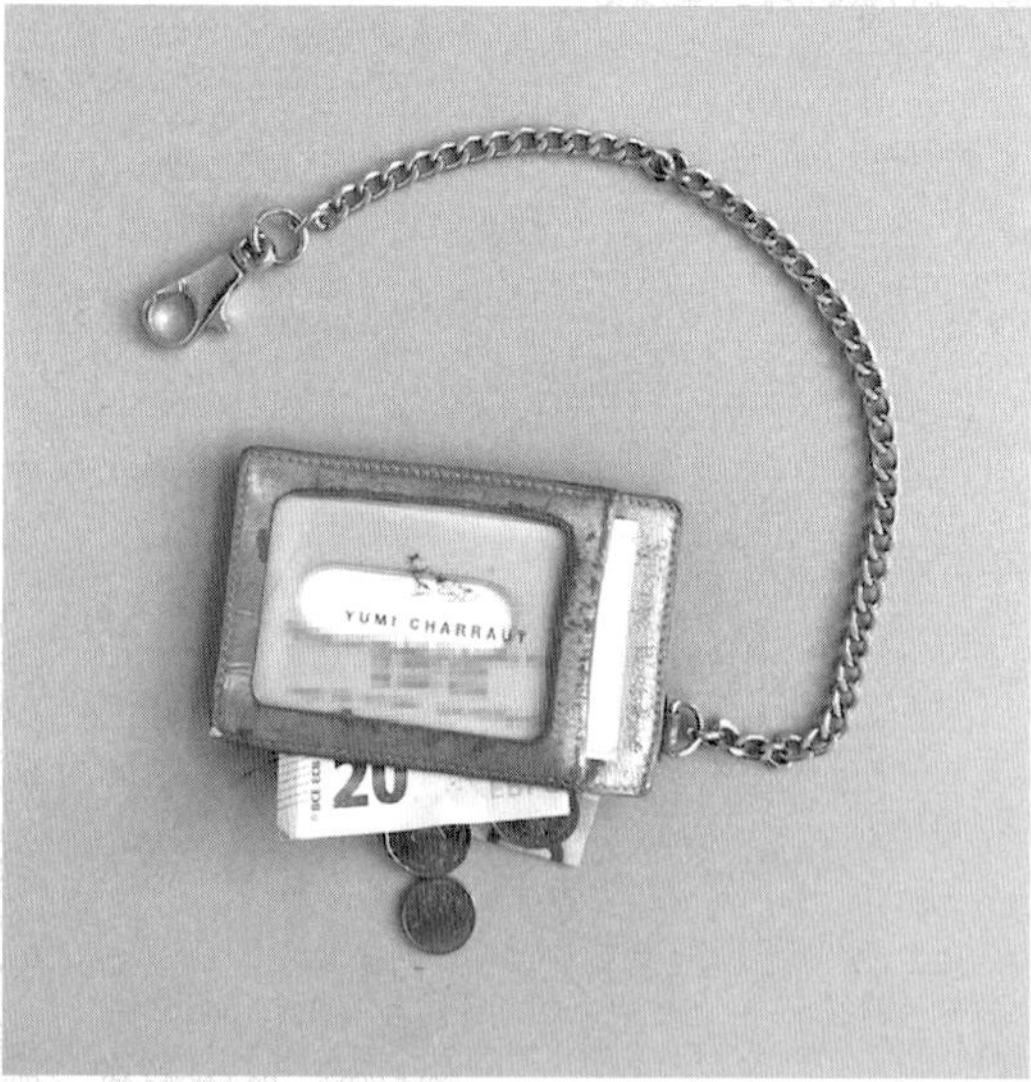

大好きなチェーン付きのお財布。メトロの中で三度もスリに遭遇。もうボロボロですが、デザインも利便性も、これ以上のものが見つかりません！

レストランもお財布を出したほうが支払います。ただ、クロードの義妹や姪など、彼の親戚をもてなす席などはクロードが支払います。私の友達なら、たいてい私です。

自分の医療費は自分で出し、旅も自分の分は自分で支払います。息子がまだ学生だったころは、授業料やお稽古ごとの費用なども、夫と折半でした。

手仕事の材料をネットで買うことがよくありますが、手続きをするのはクロード、品物を選ぶのとお金を払うのは、私です！

クロードは大きな企業に長く勤め、ある程度の役職で、自分の希望で58歳のときに退職しました。年金なども彼なりにしっかり考えた上での決断だったようで、有り難いことに、それなりの年金をいただいているようです。額はまったく教えてもらっていません（笑）。

ただ、この間、さりげなく「あなたにもしものことがあったら、あなたの年金はどうなるの？」と聞いたところ、「ユミは大丈夫だ。年金でも暮らしていけるようになっている」と言われました。フランスの年金は日本よりもよいようで、遺族年金は、夫の年金の70パーセント前後だそうです。

フリーランスで働いていた私の老後資金

私のほうは、フリーランスで働いていた時代が長いので、年金というものがほとんどありません。私のたばこ代にもならないくらいです（涙）。

ただ、日本のアパレル会社から、デザイナーとして自分のトータルブランドを立ち上げて、10年間働いていました。その間、春と秋、各2か月間ずつは日本に滞在してコレクションなども行いました。

ちょうど日本が「バブル」と言われた時代にかかっていて、日本経済に活気があったので、そこで少しまとまったものをいただきました。

その後もジュエリーデザイナー&ディレクターとして、65歳まで一所懸命に働いていました。好きなことだったので、とても楽しい日々でした。

そのときいただいたものをフランスの口座いくつかと、日本の口座に入れています。フランスの口座からは、友人たちとの交際費や洋服や靴などの買い物代などが引き落とされます。一番大きな出費は、創作手芸の材料費です。

お金の管理ができないので、カード決済したものは、クロードにそのままクレジットの明細を渡しますが、特に何かを言われたことはありません。

また、引き落とされるもので割り勘のものは、適宜クロードが私の口座から処理をしているようです。


日本の口座は私のへそくりのようなもので、日本滞在時の宿泊代やお小遣いになります。日本のキャッシュカードを姪に預けていて、食品などで日本のものが欲しいときには買って送ってもらって、日本の口座から引き落とされるようにしています。これは、クロードには秘密の口座です（笑）。

フランスの医療制度と医療費は独特です

日本でもかかりつけ医を持つことを推奨されているようですが、フランスでは法律で、自分のかかりつけの内科医を持つことが決められています。最初にその通達があったとき、近所の薬局でおすすめのお医者さんを三人紹介してもらいました。はしごをしてそれぞれの先生にかかってみて、いまの女性のお医者さまを選びました。

かかりつけ医のところには、月に1回、毎日飲む薬の処方箋をいただきに行って、その際に血圧、心拍、のどや耳などの簡単な検査と診察をしてもらいます。年に1、2回は血液検査や甲状腺のチェックもします。

何か問題があった場合には、かかりつけ医から専門医を紹介されて、そこを受診するシステムです。専門医は、自分でこの先生に診ていただきたいという方がいれば、自由に選ぶこともできます。その際は支払う医療費が少し割増しになります。

たとえば、私が左手首を骨折したときのこと。絶対この整形外科医の先生は上手に違いないと思って、名刺をずっと大切に持っていた先生に手術をしてもらいましたが、大正解でした。

いま私がかかっているのは、かかりつけ医のほかに、心臓のお医者さまに精密検査で1年に一度、緑内障の候補生なので眼科が6か月に一度、入れ歯や口内のチェックをしていただくための歯科が随時です。

眼科では、毎晩さしている目薬を処方してもらいます。たまにそこから視野検査のクリニックに行くこともあります。白内障の手術は、70代の始めにクロードと二人、名医にかかり両目とも済ませました。よかったと思います。

歯科は、フランスでも日本でも、なかなか部分入れ歯の具合をピタッと合わせてくれる先生に巡り会えず、いろいろなところに行ってみました。いまの女医さんはベストで、手先がとても器用な方で、歯がいい具合に収まっています。

目と歯はとても大事です。ですから、妥協せずに、少しでも違和感があったら、ずっと診ていただいている先生だからとか、知人の紹介だから申し訳ないなどと遠慮したりせずに、いろいろな病院を試してみたほうがよいと思います。

老眼鏡のレンズにも保険がきくフランス

保険は、国の保険と民間の保険に加入しています。二つの保険でほぼまかなえて、病院で支払う金額はほとんどありません。

民間の保険の種類にもよると思いますが、薬も種類によって無料だったり、無料に近くなったりします。

また、手術などを受ける場合、その費用や個室での入院費にも適用されて、追加の支払いはほとんどありません。

入れ歯を作るのにも適用されますし、老眼鏡を作るなら、年に一度はレンズに保険が適用されます。私の部分入れ歯は、日本円で10万円くらいでしたが、クロードが言うには、保険がきかなければ40万円以上はしただろうとのことです。

薬局で購入する売薬は、日本よりもかなりお安くなっています。ただ、長く愛用していて使い慣れている虫刺されや肩こりの薬は、日本に帰国した際に購入しています。

原稿を書きながら、ふと気になったので、先日、初めてクロードに聞いてみました。
「民間の保険料って、どれくらいなの？」と。
日本円で、月に一人2万円弱くらいだそうです。
「それは割り勘なのかしら？」と続けると、自分が払っているとのこと。
これまでまったく知らなかったので、「それは、長い間、どうもありがとう」
と伝えました。
ケチで毒舌家ですが、こんなところは、無口で優しい昔ながらの理系男子
です。

お金は健康に一番かける。あとは心配しすぎない

お小遣いとして、フランスの口座から毎月300ユーロを3、4回引き出しています。

いま、ユーロ高で円安なのと、フランスは物価がかなり高いので、この金額は一概に日本と比べることはできないのですが、だいたい14～15万円です。日本で3000円前後するフランスの有名なバターが、こちらでは500円しなかったり、野菜や果物、肉や魚、パンなどの食品や日用品は、為替レートから考えると、日本よりも安いのではないかと思います。

ただ、相対的に見ると、レストランや各種サービスにかかわるものについては、日本よりも高いかなと感じます。でも先ほど書いたように、一概には

クロードが買い出しに。たくさんの食材で、しばらく豊かです。うれしい！

言えないのが本当に難しいところ。

まったくの余談ですが、私は、「おいしいバターがある国には文化がある」と勝手に思っています。日本もフランスもバターがおいしいですよね！


お小遣いは、カードが使えないお店での食材や手芸材料などの支払い、友人たちと会ったときの食事や交際費、交通費として使っています。あとは、カードで支払うこともありますが、大好きなカジノの軍資金。大事です！

また、整体でのお支払いにも使います。

アキコさんの整体は、電話整体だと1回が1時間半で1万3000円くらい。1年に1、2回、家に来ていただく場合は、1回が2時間で2万7000円くらい。オリビエ先生の井本整体は、1回1時間で1万4000円くらい。

アキコさんのリアル整体があるときには、オリビエ先生はお休みにしていただいています。日本円に換算してみて、改めてその金額に自分で驚きました。決してお安くはありませんが、身体の不調はいっさいなくて、それは整体のおかげと本人の私が実感しているので、高いとは思っていません。

日本への毎年の帰国も、クロードとの狭いヴァンでの旅も快適に過ごせています。いまのところ、入院をしたり大きな手術をしたりもありません。

毎年の楽しみだったクルーズの旅は、ここ2、3年で行かなくなりましたし、いまは大きな買い物をすることも、大きな出費のイベントもありません。

整体は私にとって一番の贅沢であり、健康法だと思って続けています。

家計簿はつけず、節約も特に意識しない!?

シニアが楽しく機嫌よく過ごすためにもっとも大事なのは健康。ですから、一番お金をかけるべきは、自分の健康ではないかと考えています。

毎年1回、日本に帰国する飛行機は、身体が小さいのでエコノミーでもいいのですが、スペースが少し広くてラクができる、プレミアムエコノミーを利用します。もちろん、お値段が安くなるので、チケットは早めにとります。

滞在も、いつもお願いしている交通の便のよい、長期滞在型のレジデンスを予約します。少しばかり贅沢でも、慣れてる場所で落ち着いて過ごせるので、身体はラクです。

ヴァンの旅（204ページ）でも、アパルトマン型のホテルを何日か入れるのは、自分の身体や穏やかな気持ちで過ごせる状態を考えてのことです。

自分はいくつまで生きるのか、そして最期はどこで迎えるのか、誰にもわかりません。

でも願わくば、祖母のようにピンピンコロリで眠るように逝きたいと思っています。

健康のために自分でできることは努力しているつもりですが、最期の旅立ちについては、やはり「神のみぞ知る」。そう考えています。

命を全うするまでお金はいくらあればいいのか、もし大きな病気をしたら、いったいどれくらい必要なのか、一人または二人とも施設に入ることになった場合はどうなるのだろう……と、お金のことは考え始めるときりがありません。

お金の管理ができなくて、すべて夫任せですが、さすがの私も自分の口座の残高は把握しています。

家計簿はつけていませんし、節約も特にしていませんが、食材は余すところなく、きちんと使い切りますし、タオル1枚も無駄なものは買っていません。

心配しすぎるよりも、楽しく使って、心と身体を健やかに保ちたいと思います。きょうという日を大切に過ごしたいのです。

クロードは緻密に計算して問題ないと言っていますが、すごく長生きして、そのとき、世界大恐慌になっていることだってあり得ます。

でも、そのときはそのとき。

老人ホームで、得意なアクセサリーや絵を描いて、個展を開いて販売してもいいじゃない！ それくらいに構えています。

第6章

86歳「旅や楽しみ（交際）」に関する習慣

二人合わせて171歳。ヴァンで旅するフランスの田舎町

旅行は夫婦二人の共通の趣味です。これまでに、夫のクロードは80か国、私は60か国前後の国を訪れています。

普通にホテルに滞在したり、アパルトマンホテルを借りて異国で暮らすような旅をしたことも、外国の方とお互いの家を交換して生活してみたこともあります。いろいろな旅の形を楽しんできました。

豪華な客船で何か国かを周るクルーズの旅も何年間か楽しみました。

そしていま、86歳の妻と、85歳の夫と、3歳のサニーちゃんの旅は、ヴァンで国内を巡る旅になりました。6〜8日かけてフランスの地方を旅します。

キャンプ場があるのは、たいてい大好きな樹々の緑が美しい街はずれ。

クロードが飛行機や船の旅には、もう飽きたというのです。
コロナ禍もあり、2年前にクロードと息子のジャン・ポールが共有で購入したヴァンでの旅が、いまの私たちの旅の主流です。

キッチン、ベッド、トイレが付いた改造ヴァンは、このところフランスで大人気。国中探してもなかなか手に入らず、最後に2台残っていたうちの1台を手に入れたのが、クロードのご自慢!?(笑)。決断はとても早い人です。
また、車高が2メートルなので、高速道路を通るときや駐車場を利用するときに、何かと都合がよかったり、料金も割高にならなかったりするようです。

　これもクロードの大きな自慢です（笑）。


発電機が付いているので電気が使えて、キッチンにはコンロと冷蔵庫が付いています。ソーラーパネルもオプションで付けました。

トイレは便座の下に排出物が溜まってそれを捨てる仕組み。ベッドはコンパクトですが、きちんと身体を伸ばして休めるサイズです。

私のベッドはヴァンの中に、クロードのベッドは駐車してヴァンの屋根を上げると出現します。サニーちゃんのベッドは私のベッドの下。私は上下のいびきの大合唱にサンドイッチになって寝ています！　また、ベッドの下は、いろいろ収納できる造りになっています。

　ベッドカバーやクッション、カーテン、サニーちゃんのベッドの敷物など、ヴァンの車内のファブリック類はすべて手作り。私の腕の見せどころです。

布地を選んで、サイズを測って、ミシンをかけて……すべてが楽しかった〜。

レストランに行くこともありますが、それればかりでは飽きるので、車内で料理もします。とはいえ、キッチンは狭いので、鍋とフライパンは最小限。電子レンジはないので、温めるのは昔ながらの蒸気で蒸すやり方。でも、やってみると、この方法は早くておいしいことを再発見しました。

ガスコンロの口は二つ。ご飯は家から炊いて持って行ったり、狭いキッチンで段取りをいろいろ考える食事作りです。でも、これはこれで、また楽しい。かぎられた条件の下、工夫をする喜びを感じています。

食器類はヴァンにストックできる水が50リットルまでなので、洗い物に使うのはもったいなくて、紙コップや紙皿、紙ナプキンで済ませています。

道中はドライブを楽しみながら移動します。クロードは運転が好きなの

私が一番好きなロワール渓谷の石城、シャンボール城。サニーちゃんもご機嫌です。

で、ほおっておいて、私は後ろの席でiPadでゲームをしたり、創作手芸を楽しんだりしています。もちろん、寝てしまうことも……(笑)。

一人行動も二人行動も楽しいヴァンの旅

道中、いい美術館があれば二人で訪れますし、カントリーフェスティバルがあれば一緒に行きます。一人行動のときは、クロードはサニーちゃんをおともに山歩きを楽しみますし、私はここぞとばかりにカジノで遊んでいます。

夕方、カフェで合流して、街のレストランに行くこともあります。

夜はキャンプ場に駐車して、車の屋根を上げてクロードのベッドを出して宿泊します。車の屋根はキャンプ場でしか上げてはいけない決まりなので。

キャンプ場は水場もシャワーもあるので、クロードはシャワーを使っているようですが、私は利用したこともありますが、たいてい車内で身体を拭いて済ませます。

いま、こんな旅を楽しんでいると言うと、同世代はもちろん、年下の50〜60代の友人たちからも、

「弓さん、すごいわね。えらい。もう私には無理！」と言われます。

たしかに、神経質な人だと、キャンプ場の共同の水場やシャワーは厳しいと思います。でも、私はフランスに来たばかりの20代の終わりに、よくキャンプをしたことを思い出して、これはこれでとっても楽しいのです！

ただし、ずっと車内での生活だと、疲れます。

何日間かは快適なホテルに泊まりたい。お風呂につかって、ゆっくり身体をのばしてのんびりしたいという私の希望で、ホテルで過ごす日も織り交ぜています。クロードもそれは理解しているようです。

本選びと化粧品選びは若い人の意見を参考に

昔から本を読むことが大好きで、寝る前には必ず本を手にします。「本の厚みは人の厚みをつくる」、私はそう信じています。

以前は、池波正太郎さんや藤沢周平さん、山本周五郎さんといった時代物をよく読みました。その後、浅田次郎さんや高村薫さん、小川洋子さん、角《かく》田光代《たみつよ》さんの作品を読み、ミステリーでは横山秀夫さんや東野圭吾さん、夏樹静子さん、宮部みゆきさんなどを読むようになりました。

最近では『蜜蜂と遠雷』が面白かった恩田陸《おんだりく》さんの本を続けて読んだり、辻村深月《つじむらみづき》さんや朝倉秋成《あさくらあきなり》さんといった方々の本も読んでいます。

本は自分だけのセレクトだと偏ってしまうので、若い友人たちや仕事を通じて知り合った若い書店員さんに、おすすめの本を聞いて、日本に帰国した際に文庫本をたくさん購入して持ち帰ります。

自分だけなら出合えなかった本ばかりで、参考になります。

それから、日本には「本屋大賞」というのがありますね。全国の書店員さんの「ぜひ読んでほしい！」「自分の店舗で売りたい！」と思う本への投票で決まるようですが、ここで大賞に輝いた本はやっぱり面白いです。

ちなみに化粧品も、若い人の意見はとても参考になります。

フランスでも日本でも、コスメの売り場の若い方に、「いまの私の悩みはこれ。だからそれに効果があるものを探しているのだけれど、おすすめは何かしら？」と聞くと、これぞ！というものを出してくれます。

世の中は進化して、よいものがどんどん出ています。情報量を多く持つ若い人に素直に教えを乞うと、また世界が広がります。

心がラクになる
カミングアウトのすすめ

おしゃべりだと、自覚しています。でも、噂話や人のことをあれこれ言うのとはちょっと違っていて、話し始めると、頭の中で言葉が駆け巡るのです。バスの中で見た素敵な光景や使ってみて便利だった100円ショップのキッチン用品、こんな失敗をしたけれど、最後にこのオチをつけると笑いにできる……なんてことを話したくなるのです。

誰かの役に立ったり、笑って楽しんでくれたりするのが大好きというサービス精神が旺盛なのかもしれません。でも、初対面の方や若い男性の場合は、ちょっと引いてしまうかもしれないので、私は先に自己申告します(笑)。

「私、あまりにもおしゃべりだから、驚かなかった? 呆れなかった?」というように。先手必勝攻撃です。

少し言い訳をさせていただくと、パリでの私の日常はほぼフランス語です。フランス人の夫はもちろん、息子も日本語はわかりますが、会話の基本はフランス語。お嫁さんの杏奈《あんな》さんは日本人ですが、家族が揃うときには夫と息子がいるので、フランス語です。家では無口なほうだと思います。

ですから、自由に大好きな日本語で話ができるときは、私はとてもおしゃべりです。日本語で書くメールやお手紙も、つい長い文章になります。

自覚していますが、頭と心の健康のために直すつもりはまったくなくて、許してもらっています（笑）。たぶん、同じ話を何度もしているとも思います。

でも、カミングアウトしておくと、相手も許容してくれるようですし、ちょっと一人でしゃべりすぎちゃったかしら……という私の罪悪感も和らぎます。すこぶる身勝手ですが（笑）。いまのところ、一度知り合った方々とはご縁が長く続いているので、嫌われてはいないようです(笑)。

こんな先手必勝攻撃もあります。日本に帰国すると、友人や知人からごちそうになったり、おみやげをいただいたりする機会があります。

私もおみやげを持参したり、きょうは私にお支払いさせてね、ということもありますが、たいていお心遣いをいただいたら、有り難く受け取ります。

「わあ、いいのかしら。ありがとう! うれしいわ。甘えるわね!」と。

「でも、パリにいらしたら、私にさせてね!」と言って、パリでは相手が好きそうなお店を予約します。

相手の方も「遠慮なく甘えます!」と素直に喜んでくださいます。

昔は、自分よりも若い方にお金を使わせることに申し訳なさを感じたものです。その気持ちはいまでもありますが、この年になると、ほとんどの方が私よりも年下です。ですから、意地を張らずに、「もう、86歳だから、甘えます！」と素直に厚意を受け取っています。

日本の食品や読みたかった本など、お願いしていて取り寄せていただいたものもお支払いすることもあれば、「どうぞ、おみやげ代わりに！」と言っていただいたら、同じように有り難く受け取ります。

そして、よいタイミングで、その方がお好きなパリならではのおみやげや手作りの品をお渡ししたりします。

不要なプライドは捨てて素直に生きる

余談ながら、142ページでご紹介したロゴTシャツもです。

最初は「これを着て文字がわかったら、このバアさん気は確かなのか？」と思われないか、との心配も頭をよぎりました。

が、転んでもただでは起きないワタクシ。行く先々で、ジャケットの前をオープンして見せては、おしゃべりのネタにしています。

日本で精神科医をしている知り合いの女性がいます。重度の認知症など、おもに老人の心のケアを専門としています。彼女から以前聞いたのですが、「認知症の初期は、自分が約束を忘れてしまったことや道がわからなくなったことに動揺します。そのときに、友人や知り合いなど家族以外の人にも『最近、私、物事がよく覚えられないの。間違ったことをしたり、言ったりしたら、どうぞ教えてね。助けてね』と、素直に言えるかどうかで気持ちがかなり違ってくる。言える人はうんと心がラクになるようですよ」と。

彼女は、「プライドが高いのは悪いことではありませんが、不要なプライドは本人を苦しくさせる。診ていて、そう感じるんです」とも言っていました。

私も、これから1年2年と年を重ねるにつれて、できなくなることや誰かの助けを借りたくなることが多くなるでしょう。そんなときは、意地を張らずに上手にカミングアウトしながら、生きていきたいものと考えます。

一つ見つけると、楽しみは芋づる式にやってくる

クロードにいつも言われていることがあります。それは、「年寄りとは誰からも興味を持たれない人間になるということだ！　ユミ、そうはならないように」ということ。

毒舌家ですが、名言だと思っています。人から興味を持ってもらえる人になるためには、視野を広げて話題が豊富なことが必要でしょう。無理やりではなく、自分も楽しみながらです。

もともと、なんでも面白そう！　と思うと、頭で考えるよりも手と足が出ている私ですが、いま私の世界を格別広げてくれているものの一つが、iPadです。

パソコンやネットなどのIT関連は、まったく苦手でしたが、iPadを購入してから少しわかるようになってきました。

使えるようになると、これほど便利なものはありません。私の場合はiPadとスマートフォン専門で、パソコンは使っていませんが、これで十分。軽いし、どこでも持ち運べるし、シニアの必需品だと思います！

大好きな『キャンディークラッシュ』や『キャンディーソーダ』などのゲームをするのも、毎朝の新聞を読むのもこれ。メールやラインでのやりとりもこれ。

ユーチューブを見たり、わからないことを検索するのにも使います。国も世代も超えてつながるのですから、なんて便利なのだろうと思います。

気楽に描く絵は、もっぱらiPadで。色も線もタッチも自由に選べますし、消したり描き足した

iPadとペン。手作りケースは、液晶画面を拭く布を入れるポケット付き。

りもすぐです。すごいわ〜。ずっと指で描いていましたが、ある年のクリスマスにクロードがタッチペンをプレゼントしてくれてから、さらに描くのがラクになりました。

出版社の方から、先日、急ぎでちょっと長い文章を書いて欲しいと頼まれました。iPadで文字を打つのには文字量が多い。そこで、マイクのマークのところを押して、しゃべったことを文字に変える方法を試してみましたら、しっかり文章になっていて、間違いも少ないので驚きました。

ほかにも新しい機能を見つけると、試して楽しく遊んでいます。

迷っている時間はシニアにはもうない！

楽しそう！　面白そう！　と思ったら、あまり考え込まずに試してみたほうがいいと思います。私にできるかしら、この年だし……などと考えすぎる

南仏のカンヌで迎えた2024年のお正月。
iPadで「お描き初め」をしました。

と、そのうちに熱も冷めますし、それだけ出合いも少なくなります。

ときめくものがあったら、すぐに行動。ちょっと自分には合わない、違ったと思ったら、そこでやめて次を探せばいいのですから。私くらいの年になれば、もう迷っている時間はないのです。あれこれしている時間がもったいない！

でも、意外に苦手と思ったことの中にピンとくるものがあったり、やってみたら得意だったなんてこともあります。私のiPadは、まさにそうです。楽しみは人が見つけてくれるものではありません。自分で見つけるものです。そして不思議なことに、一つ見つけると、楽しみは次々と芋づる式にやってきます。

何にでも興味があって遊び心がある人って、一緒にいてうきうきしますよね。私自身も、いくつになっても弓さんに会いたい、一緒にいて楽しいと思ってもらえるようでありたいと考えます。

モノを創ることは、その工程のすべてが好き！

いま、何をしているときが一番楽しいか、と最近よく聞かれます。

迷いなく、「手仕事をしているとき」と答えます。創作手芸が大好きです。

アクセサリー類は、イヤリングやピアス、ラリエットにネックレス、ブレスレットなど、パールやメタリックのパーツを使って創ります。

自室の机の引き出しの一つを裁縫箱に。とても便利と自画自賛です（笑）。

化粧ポーチ制作中。ピン打ちのマチ針は日本製にかなうものなし！

ミニスカーフやトートバッグや化粧ポーチ、エコバッグに鍋つかみなどは、気に入った布地を見つけてはミシンをかけます。

もの創りは出来上がったときの喜びはもちろん大きいのですが、創っている工程のすべてが楽しいのです。

ポーチに付けるファスナーは、長さを何センチにするかで開きが変わりますし、縫うときもマチ針の打ち方一つで、ミシンをかけやすくなります。

私のオリジナルの化粧ポーチのファスナーが長いのは、ある日、こうすると中身がよく見えてすぐに取り出せることに気がついたからです。ピアスのフックも、これまでとは曲げ方を変えれば、より落ちにくくなることが先日わかりました。何十年、何百個と作ってきても、日々発見があるのです。それにワクワクするのです。

ドキドキすることで広がる創作意欲

考えてみれば、絵画もそうです。水彩、油、テンペラなどいろいろな画材で絵を描いて、テンペラ画などはしばらく習いに通っていました。完成した絵を家の中に飾るのは喜びですが、テーマ、画材や構図など工程を考えているときから幸せなのです。

蚤の市に出掛けて古い楽譜の束を見つけると、これをキャンバス代わりに、上にイラストを描いたらおしゃれじゃないかしら、そう思うとまたドキドキします。

描いたり創ったりした作品は、自分で使ったり、友人たちにプレゼントしたり……。すすめられて何度か展覧会もしました。喜んでくださる顔がまた励みになって、86歳にして、まだまだ創作意欲が広がっています。

久家道子先生の『プチポアン』のモチーフを使ったイラスト。久家先生が、ポストカードにしてくださいました。

全紙に水彩で描いた好きなラナンキュラスの花。キッチンの壁に飾っています。右下のパレットは恩師、長沢《ながさわ》節《せつ》先生の遺品。

情報は選んで試して、正しいものを取り入れます

テレビは夕食後にニュースを見て、あとは時どき、映画やドキュメンタリーでいいものがあるときは見ます。

日中見たり、なんとなくつけていたり、ということはありません。テレビがつけっぱなしだと気が散りますし、目も頭も疲れるように思います。

新聞はiPadで『朝日新聞デジタル』を読むのが日課です。ネットニュースは見なくて、iPadや携帯も、なんとなく見ていることはありません。

ここ数年はユーチューブもよく見ます。大好きな大谷クンの試合のほかは、私の便秘対処法やクロードの坐骨神経痛に関することなど、健康や生活

の豆知識や旅行、読書に関するものを検索します。

ユーチューブの情報には、これはなかなかよさそうというものと、怪しげなものが混じっているように感じます。そこで〝勘〟を働かせて、仕分け作業をします（笑）。

そして、おっ！と思ったものはすぐに試してみます。


先日は、少し痩せたため指輪がくるくるし始めて、指から落ちそうだったので、対処法を検索してみました。「指輪の内側にマニキュアを塗るとよい」というのを見つけ、早速やってみるといい具合です。

マニキュアをしなくなって、マニキュアの瓶を処分していたのですが、なぜかたった一つ残っていた1本が役に立ちました。

料理のレシピも時どきインターネット検索。簡単にできておいしそうなものを見つけると、すぐに作って試しています。

年を重ねてからの友達の作り方、付き合い方

同世代の友人は、日本に帰国したら会う方々、仕事を通じて出会ったパリ在住の方々といろいろです。パリと日本で行われた、田園調布雙葉《ふたば》学園の同窓会で知り合った若い方々とも親しくさせていただいています。

クロードの友人のご夫婦やアパルトマンの階下のマダムとは、ランチやディナーなど、時どき食事とおしゃべりを楽しんでいます。

海外の方とそれぞれのおうちを交換して現地の暮らしを楽しみながら旅を満喫するという制度があって、それに入って知り合ったフロリダ在住のアメリカ人のご夫婦とは、いまもずっと交流が続いています。

クロードの赴任先のブラジルで出会った日系三世のご夫婦には、本当によ

くしていただきました。ご縁はいま、お嬢さん一家に引き継がれて、英語のメールのやりとりがあります。

友人が自分の友人を紹介してくれたり、知り合いの知り合いが、偶然私も知っている人だったりと、新しい出会いも生まれています。

デザイナーの入江《いりえ》くんも、お世話になっている美容師さんも、整体の先生のアキコさんも、知り合いの知り合いからつながっています。

年齢とともに行動範囲がせばまり、新しい出会いは自分から求めないと減ってくるように思います。

古くからの友人・知人は大事にしたいものですが、若い人との新しい出会いは新しい風を運んでくれるので、これもまた大事にしたいもの。最近できたホットなお店や便利なもの、インターネットの新しいアプリケーションの活用法など、知らなかったことを教えてくれます。

また、行動力があって動きも話も速い。いろいろなところにどんどん引っ張って行ってくれます。

目指すは、どこかかわいげのあるバアサン！

人と接することは、時に行き違いやささくれだつものを生むこともあります。一人ひとり考え方や感じ方も違うのですから、当然ですよね。

ただ、恐れていては何もできません。出会いがあったら、まずはつながってみる。ちょっとこの人は思っていたのと違う、何かがかみ合わないと思ったら、その時点で距離を置いたり、考える時間をとればよいのですから。

振り返ってみると、ご縁がある方とは、途切れている時期があっても、何らかのことで必ずまたつながります。

また、初対面でも共通の知り合いがいたり、学校が同じだったり、実家がご近所だったりと、どこかに接点があったりもします。

出会いは拒みませんが、苦手だなと思うタイプの人はいます。

まず、うわさ話や人の悪口や愚痴ばかり言う人。また、自分の身体の不調、たとえばあそこが痛い、ここが悪いという話をしょっちゅうしている人。土足で人の心にずかずかと入り込んでくる人……。

また、悩みや苦しみを相談できたり、アドバイスをし合ったりすることはいいと思うのですが、ヒステリックに一方的に〝負の感情〟を出しすぎる人は苦手です。ともに楽しい時間を過ごせたり、笑い合えることがいい関係だと思うのです。

多少おっちょこちょいだったりアバウトだったりしても、人としてかわいげのある人が好きですし、穏やかな揺らぎがある人のほうが、魅力的だとも感じます。

私自身も理想は、かわいげのあるバアサン！です。

ただ私、辛口で毒舌なところがあるので（笑）、本当に信頼できる口の堅い友人とは、たまに毒舌会のようなおしゃべりもします。

買い物に行ったオーガニック専門の混んでいるスーパーマーケットで、超感じの悪いマダムを発見。カリカリしていて、同じ長い列に並んでいるほかのお客さんやレジの店員さんに当たり散らしていました。

「自分の身体に気を使う前に、周囲に気遣いをなさいよ、と思ったわ！」とか、バスに乗ったら、足が不自由な方が乗って来られ、私の隣の席のどっしり太った貫禄のあるマダムに、「私はもう、70過ぎよ。ちょっとあなた若いんだから、席を譲りなさいよ！」と命令されて、「あら、私は86歳なんだけど！」と、思わず言い返した……なんて話です。

イラっとしたことも、ハア〜!? と感じたことも、エッ！と、少しばかり傷ついたことも、貯めこまずに最後は全部笑いにして吹き飛ばせる人が、私は好きです。

毎日をゲーム感覚で考えれば、オールＯＫ！

カジノではスロットゲーム、日々はiPadでゲームに熱中しています。負け知らずで、この年にしてはスロットもゲームも上手なほうかなと（笑）。これは、血筋でしょうか。父方の祖母の志摩子は、兄に作家の有島武郎《ありしまたけお》、有島生馬《いくま》（画家）、弟に里見弴《さとみとん》（作家）がいます。私は祖母や大おじたちとよく麻雀をしたものですが、一番若かった私が一度も勝てたことがありません。祖母からは、ドラマチックな有島の家の芸術を愛する心と思い立ったらもう走り出しているところ、ギャンブル好きなところを受け継いだようです。

日々の暮らしも、パズルのようにこれをここに入れて、あれをあそこに入

シャモニーの街。カジノはあるし、
広場からの雄大なモンブランの
眺めは素晴らしくて最高です。

れて、と考えること自体を楽しんでいます。毎日がゲーム感覚です。

きょうは大谷クンの試合があるから、夜は原稿を書くのは無理。明日あさっては予定が何もないから、そこでまとめて書きましょうと思います。

バザーに出品するポーチは、きょうの午後に裁断までやっておけば、明日はミシンをかけて予定どおりに出来上がる……という具合です。

そう考えると、何でも楽しくなってしまう得な性分です。

思えば、母も庭の草取りをするのに、先の方にほうきを置いて、「あそこまでがんばろう！と決めると、がぜん楽しくなるのよ」とよく言っていました。

夜中の暴食だってシニアなら許される……

ただ、年を重ねると無理してがんばるのは禁物。予定どおりいかないことなんてしょっちゅうです。そんなときには、こんな日もあると気楽にかまえます。

先日は、夜中に目が覚めて急にチョコレートが食べたくなって、冷蔵庫にあるいただきもののチョコレートの箱から1粒つまむと、もう止まらない。結局、一箱食べてしまいました(涙)。

トイレに起きたあと、おにぎりが食べたくてたまらなくなり、冷凍ご飯をチン！アツアツご飯を握って、大満足したのち、大反省することもあります。

眠るのが苦手な私が、ちょっと昼寝のつもりが、気が付けば何時間も寝てしまったということも……。でも、こんな日もある！です。

がんばりすぎたり、ストイックになりすぎたりすると、それはストレスになって、身体にも心にも表情にも出るような気がします。

ギャンブルだって、読んだ手のとおりにいかないことはよくあるもの。まずは楽しく元気ならば、オールOK！そんなふうに考えています。

それでも小さなモヤモヤが溜まったときには、私は「何かをガンガン」します。映画をガンガン見る。ミシンをガンガンかける。野菜をガンガン切る。

そのうちに、少しばかりささくれだった気持ちも消えてしまいます。

おわりに

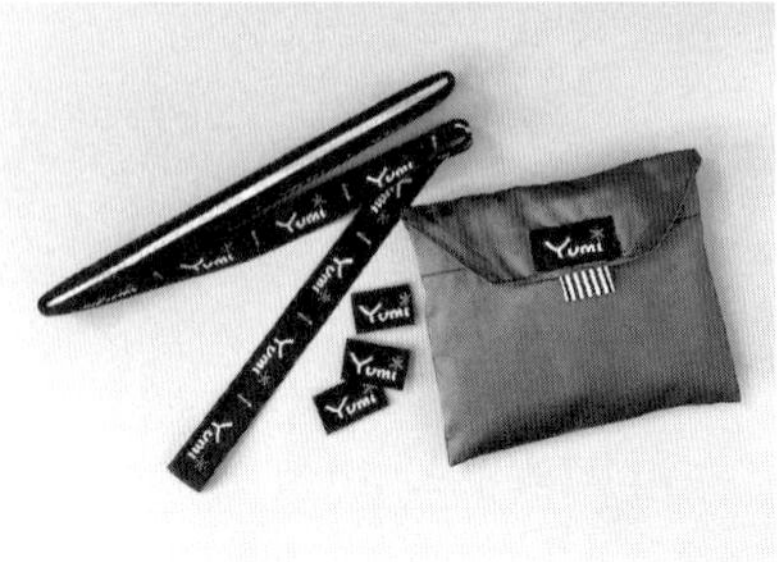

20代の始め、ニットのデザインと制作を手掛けていたことがあります。
私がデザインをして、編み物が得意な母と二人で
せっせと編んでいました。
そのときに、町工場で作ってもらった、『Yumiブランド』のタグ。

100枚作ろうか、それとも500枚？と悩む私に、
工場のおじさんが言いました。
「お嬢ちゃん、こんなの100枚でも1000枚でも
値段はそんなに変わらないんだよ。
たくさん作っておきなよ。これからたくさん仕事するんでしょ！」と。
励まされて、500枚で1巻を4巻（つまり、2000枚！）作りました。
あれから、60年以上が経って、タグはいま、最後の1巻になりました。
手作りの品々に付けたり、
創作したアクセサリーを入れる袋に付けたり、
付けるものは、その時どきで変わりましたが、大切に使っています。

この1巻がなくなるのが先か、私の旅立ちが先か、
それはわかりません。
けれども、最後の1枚、最後の1日まで慈しんで、
楽しい気持ちでいたい、そう思っています。

最後までご愛読いただいて、本当にありがとうございました。

著者紹介

弓・シャロー

（ゆみ・しゃろー）

Yumi Charraut

1938年、東京・麻布鳥居坂に生まれる。曾祖父は東京慈恵会医科大学を創設した医師で、男爵の髙木兼寛。祖父は同じく男爵で東京慈恵会医科大学長の外科医。父は建築家。祖母は有島武郎・生馬の妹で、里見弴の姉。小学校から高校まで田園調布雙葉学園で学び、女子美術大学油絵科に進学。並行してセツ・モードセミナーでも学ぶ。1966年、渡仏。多くのアパレル会社のデザイン活動に携わる。結婚、出産、夫の海外赴任に同行したのち、フランスに帰国してからは『プチバトー』等の子ども服のデザインを行うほか、イラストレーター、ジャーナリストとしても活躍。雑誌『アンアン』のファッションイラスト・ルポは好評を博した。1986年、東京ブラウスより、自身のトータル婦人服ブランド「カランドリエ」を発足。1998年にはヴァンドームヤマダのファッション・ジュエリーブランド「VdeB」のデザインディレクターに。2004年、65歳を自らの定年とし、すべての仕事からリタイア。現在は1歳下のフランス人の夫との暮らしを楽しむ毎日。著書に、『パリが教えてくれたボン・シックな毎日』『100歳までパリジェンヌ！』（ともに扶桑社刊）がある。

著者
弓・シャロー（ゆみ・しゃろー）

出版プロデュース…中野健彦
企画・構成…髙場実乃（楠長栄堂）
ブックデザイン・DTP…村岡志津加（Studio Zucca）
写真…篠あゆみ（カバー＆P.17〜32）
モノクロ写真＆イラスト…弓・シャロー
校正…川平いつ子
編集…村嶋章紀

パリの86歳《さい》はなぜ、毎日《まいにち》が楽《たの》しそうなのか
超自分勝手《ちょうじぶんかって》なのに誰《だれ》からも愛《あい》される45の習慣《しゅうかん》

2025年2月4日　初版第1刷発行

著者　弓《ゆみ》・シャロー
発行者　岩野裕一
発行所　株式会社実業之日本社
〒107-0062
東京都港区南青山6-6-22 emergence 2
電話（編集）03-6809-0473
（販売）03-6809-0495
https://www.j-n.co.jp/
印刷・製本　TOPPANクロレ株式会社

ISBN978-4-408-65133-0（第二書籍）